走进语文 看语文

——语文教学的批判与重构

徐俊丨著

山西出版传媒集团
山西教育出版社

图书在版编目（ＣＩＰ）数据

走进语文看语文：语文教学的批判与重构/徐俊主编. —太原：山西教育出版社，2017. 6
（2020. 6 重印）
ISBN 978 - 7 - 5440 - 9253 - 1

Ⅰ．①走… Ⅱ．①徐… Ⅲ．①小学语文课 - 教学研究 Ⅳ．①G623. 202

中国版本图书馆 CIP 数据核字（2017）第 107455 号

走进语文看语文：语文教学的批判与重构
ZOUJIN YUWEN KAN YUWEN：YUWEN JIAOXUE DE PIPAN YU CHONGGOU

责任编辑：刘继安
复　　审：李梦燕
终　　审：潘　峰
装帧设计：王耀斌
印装监制：蔡　洁

出版发行：山西出版传媒集团·山西教育出版社
　　　　　（太原市水西门街慢头巷 7 号　电话：0351 - 4035711　4729801　邮编：030002）
印　　装：阳谷毕升印务有限公司

开　　本：720×1020　1/16
印　　张：11
字　　数：174 千字
版　　次：2017 年 6 月第 1 版　2020 年 6 月第 3 次印刷
书　　号：ISBN　978 - 7 - 5440 - 9253 - 1
定　　价：35. 00 元

如发现印装质量问题，影响阅读，请与印刷厂联系调换。电话：0635 - 6173567。

学语文不能只是学课文

自序

　　新学期伊始，各种"开学第一课"扑面而来。前两天，看到一位中学老师写的一篇关于在开学第一堂语文课上教学生"撕书"的文章，其做法颇令人赞赏。教学生"撕书"，当然不是物理学意义上改变物体形态的让学生把新书撕开，而是带领学生将整册语文书进行文本意义上的解构，然后根据文本类型、学习任务等进行学习意义上的重构。很显然，这位老师不是在教语文，而是在教学生读书，教学生学习。这样的实践，值得每个语文老师深思。

　　学语文不能只是学课文，还应该是学读书、学思考、学表达。从这个意义上来说，"学语文"与指代"上学"的"读书"一词的含义颇为相似。如此语境下的"读书"，这位中学老师做对了，很多小学老师做迟了；小学高段老师该做，小学低段老师也该做。

　　举两个例子。

　　有一个学期，开学第一天，一进教室，就有个小男孩嘴巴张得大大的，冲我跑来，嘴里"哇啦哇啦"叫。仔细一看，原来这小家伙的门牙掉了。看他这表情，我

1

忍不住笑了。一见我被逗乐了，边上的孩子都嚷开了：

"老师，我的牙也掉了！"

"老师，我长新牙了！"

"老师，老师，你看，我像不像瘪嘴老太太？"

"老师……"

原本已经准备好语文书和文具，端坐桌前等我讲课的孩子们，一下子都闹腾起来了。

很显然，若此时让孩子们翻开书去读课文，那该是多么的无趣。读语文书，学字词句篇，是语文课；发现自己，发现生活，表达自己，表达生活，也是语文课。此刻，这些二年级的孩子正为自己身上的变化感到兴致盎然，何不让他们把这种感受放大，把这种体验表达出来？至于语文书，暂时先放一放又有何不可？

于是，从"我掉牙了"是因为"我长大了"，到"我穿的衣服也变大了，以前的衣服就好像是洋娃娃穿的""我踮起脚能够得着柜子顶上的糖罐罐了"，再到"我会自己穿衣服了""我抢着帮妈妈收拾碗筷了""我会照顾弟弟妹妹了""我书柜里的书越来越多了"……孩子们欣喜地发现，老师早已在黑板上记录下他们那么多"长大了"的证据。

"你们确实长大了，可是，等再长大一些，你再看看自己现在说的话，又会发现，那时候多么有趣啊！愿意把自己现在的想法写成小诗或者小作文，给以后的自己看看吗？"在此番情真意切的"诱惑"下，孩子们新年第一篇小练笔诞生了。开学的第一堂语文课，就这样既脱离了书本，却又充满情趣；既完全打破了孩子们"读课文、学生字"的心理戒备，却又扎扎实实地让孩子们感受了生活，表达了自我。

学语文，不正是为了更好地感受生活，表达自我吗？当然，感受生活与表达自我的能力，不是凭空而来，而是建立在规范、经典的文本阅读和习作训练的基础上，通过生活、阅读和写作的实践得来。这种习得和实践，在按部就班、中规中矩地学习一篇篇课文、练习一篇篇教材习作的过程中，恐怕很难实现。"撕书"的思维和实践，就是很好的例子。我在小学二年级的课堂上也和孩子们一起"撕书"。

"老师，我会背《找春天》了！"课文还没教，这个孩子已经把课文背下来了，他当然很自豪。

"你很棒哦！不过，今天我们不上第一课。"不上第一课，上什么呢？孩子们很好奇。"老师知道，咱们班上的孩子很爱读书，可是你有没有想过，语文书也是一本书啊！我们平时读一本书，可不是翻开来就'哇啦哇啦'地瞎读一气的。谁还记得，老师说过，读一本书，第一件事是干什么?"

"看目录！"

"目录有什么好看的?"我故作不懂，因为我知道，有不少孩子肯定对此不以为然。这也正常，毕竟还是二年级的孩子，或许有些人读了一辈子书，还不知道阅读目录呢。

"这样吧，你们花五分钟时间认认真真地看看目录，还可以和同桌小声地讨论讨论，看看从目录里能有什么了不起的发现。"

这是一次从来没有过的体验，孩子们自然很投入。一会儿，各种了不起的学习成果出来了：

目录的前面都是课文的序号，后面都是页码，这样我们查找课文就方便了；

前面的课文序号都写在绿色圆圈当中，后面还有几篇序号是写在蓝色三角形里的，这几篇叫选读课文；

……

最了不起的发现是一个上课经常"坐不住、话很多"的小姑娘提出的，她说，从第一课到"语文园地一"的内容好像都是讲春天的！

天哪，我惊呆了！阅读目录，不就是为了了解一本书的内容，方便读者检索或者根据需求进行阅读选择吗？二年级的孩子能发现关于目录阅读的最核心的要义，而且是一个平时算不上"优秀"的孩子发现的，太了不起了！

在我们惯常的思维里，教科书是老师按部就班给学生上课用的，然而，这种做法往往又容易对学生阅读兴趣、能力、思维造成一定的伤害。如何挽救那些看似认真实则麻木的孩子的语文学习？这个平平常常的"灰姑娘"用天性的思考让我变得乐观起来。

"再仔细看看，其他几个单元都是讲什么的？你喜欢哪个单元的文章？为什么？如果你讲述的理由充分，我们就从你喜欢的那个单元开始学习。"

"老师，真的吗?"看得出来，他们多么渴望自己选择学习的机会和内容！面对一双双渴望的眼神，我还来不及心痛，孩子们已经再次兴冲冲地"扎"进了目录里。

令我想不到的是，全班42个孩子居然有21人表示最喜欢第八单元——这个单元是讲科学的，而且一个个的理由讲得头头是道！这再一次颠覆了我的惯性思维，我不敢再说"低年级的孩子一般喜欢童话，喜欢想象的故事"了！

到底还有多少令我意想不到的——

"老师尊重你们的选择，初步决定，下节课就从第八单元开始学起。但是，你们能保证刚才选择第八单元不是一时冲动吗？为了慎重使用你们的选择权，你们可以有再次选择的机会。今天回去，把你最喜欢的这个单元的课文好好读读，把你喜欢的理由思考充分，写成一段话，明天再来正式说服我，可以吗？"

"没问题！"几乎异口同声。

"除了通过读书了解课文内容，还有别的办法可以让你写的这段话更有说服力吗？"

"可以把刚才同学们的理由都写进去。"

"可以请爸爸妈妈一起读读课文，让他们一起说说理由，把他们的话也写进去。"

……

我真不敢相信这是二年级的孩子！他们居然不怕写作，他们愿意自主阅读，他们会主动思考如何更好地表达。这是为什么？或许原因很简单，因为对他们而言，学语文不是按部就班、了无生趣地学课文，学写作更不是老师要你写什么你就写什么。对他们而言，学语文，就是把他们最鲜活的思考与生活密切联系起来学读书，学说话，学写作。

又一个十年

贾志敏

十年之前，我曾经为徐俊老师的著作《十年》写过序，题为《十年磨一剑》。记得，文章里面我写了这么几句话：

徐俊老师的这本《十年》，是他的处女作。是他十年里摸索出来的经验与总结。我相信，它问世之后，必定会受到众多教师——特别是青年教师的欢迎。我更相信，徐俊要走的路还长，他还要探索，他还会提高，他还会写出《二十年》《三十年》《四十年》……

又是一个十年。

十年，棵棵小苗葱葱郁郁成参天大树，繁华落尽俨然桃李满园。

十年，足以让一个小婴儿长成窈窕淑女抑或谦谦少年。

十年，欣喜再至，青年教师徐俊再次亮剑！

古人云：千仓万箱，非一耕所得；干天之木，非旬日所长。在近十年的磨砺中，徐俊老师始终坚持欲坚不欲锐，潜心研究教学，静心守望课堂，他一次次的思想火花、教学思索，终化作文字，要毫无保留地奉献给大家了，这真乃教育一大幸事。十年的沉默，在瞬息万变的信息时代，纵然看起来缓慢，但驰而不息，稳稳迈步，实为进行曲中最厚重的一个音符。

徐俊，是一个好校长。

"一个好校长，能带出一所好学校。"笕桥花园小学，是徐俊倾注心血的地方，也是他充盈自己的沃土。作为一校之长，他完全把自己当成了师生们的"服务生"。他没有为自己设置一个办公室，倘若想写个东西，他就蹲在教师办公室里完成，教师的办公室就是他的办公室。

笕桥花园小学名副其实，真的如同一座花园。校园内一切设施俱全，大楼窗明几净。建在草坪斜坡上的小木屋颇具童话色彩，木屋边上，几只大蘑菇相映成趣。这一切都是徐俊带着孩子们一起设计的。他和孩子们每周一次的"烛光秘密会议"就在这里举行。校园里生机盎然，充盈着孩子们的欢声笑语，是学子们的乐园。

徐俊博学多才，琴棋书画，样样精通。

在校长接待室里，一张案几上，砚、墨、笔和纸一应俱全。有一次，我去他的学校听课，发现案几的一边，留着一张条幅，我仔细端详，啊！行楷苍劲有力，气韵流畅丰满。原来，这是徐俊给一位叫崔舒圆老师书写的："山有佳，绕树吐哺；园有华，含苞蕴蕊；中有园丁，舒袖善育。曰，善思、善学、善教、善行。三载未满，半年新业，始有小圆。"我啧啧称赞，算得上文笔兼美的作品，急忙启用相机摄之，录之。

此等多才多艺的校长，颇不多见。

熟识徐俊的人都知道他的口头禅："这是什么？我要给我的小屁孩们带回去让他们见识见识。"每次，他出差在异地，遇有稀奇古怪的东西，总要想方设法带回学校去。一块糖、一张纸、一盒点心、一个玩意儿、一只昆虫、一套配饰……都成为他送给孩子的礼物。

有一次，我们一起去外地参加教育活动。当地集市上有一种叫"馕"的特产（用面粉做的食品）出售。临回去时，他带了一大包"馕"，还说，要让学校里的每一个孩子尝一尝我国少数民族的食品。他说，这可以打开孩子们认识世界的窗口。

一个心中时刻装着学生和老师的校长，其本身就是一个世界。

习近平主席说，一个人遇到好老师，是人生的幸运；一个民族源源不断涌现出一批又一批好老师，则是民族的希望。

徐俊，也是个好老师。

花园小学的老师大多是年轻人，徐俊既当校长，又是语文教研组组长，带着小老师们听课、评课、备课、磨课。他说："我每周要为每个班级学生上一节语文课。因为，小老师们需要我去引领。"说着，他摸了摸肩膀上扛着的光头，"脑袋这么亮，就该充当领路人"。他走在校园的花丛中，不时有孩子围上来："校长叔叔，什么时候给我们上课呀？""校长叔叔，这一周，给我们讲什么故事呀？"……

细心的人都会发现，徐俊的手机背面贴着一张课程表，他的工作进程是按这张课程表运行的。学校建成不久，各样的事情等着他处理。然而，这并不影响他为孩子们授课。一个热爱课堂的人，是不会轻易离开三尺讲台的。老师们皆戏称：徐校长不是在上课，就是在上课的路上；不是在听课，就是在听课的路上；不是在跟孩子们谈心，就是在奔向孩子们的路上……

美国心理学家波斯纳提出的著名的教师成长公式：成长＝经验＋反思。"反思"比"经验"权重更大，"反思"是心理学上较高层次的批判性思维活动，自觉的反思是教师成长的精华所在。徐俊善学、善教，更难得的是他善反思。在他的这部著作中，用了三分之一的篇幅来反思他所钟爱的语文教学。我完全可以想象：课桌前、书桌后、深夜里、台灯下，这位有志后生不断思索，他反思教学的本质、道德和特点，反思教师素养、教材变迁、教学状态、教学原点和教学关系。他一遍遍追问语文教学缘何如此之多的怪现象？如何重构？语文课堂改革路在何方？……我仿佛看到，他正一步步走在攀登母语教育高峰的路上，步步坚定，砥砺前行。

徐俊，徐徐而行，终为俊士。祝福他！

我们期待徐俊的第三个十年！

此书难得

张化万

　　这是一本难得的一线教师论述小学语文教育教学的专著，也是最近我所见到小学语文青年才俊们的专著中，科学理性思考和实践智慧提炼结合得很好的几本之一。

　　说它难得，首先是作者对小学语文教育教学的挚爱情怀。徐俊的学识才智与痴情执着让人羡慕钦佩，然而更让我为之骄傲动容的是他博大的情怀——对小学语文的挚爱，对学生的深情。他是我学员中唯一一位工作以后读的博士。徐俊读博不只看重学识和学位，更看重的是读博时，大师教授们的文化浸染和思维方式的熏陶。一线的实践，读博的反思跟进，给他装上了360度的广角镜，高倍的天文望远镜，高清的显微镜：无垠苍穹尽收眼底，万物琐事终见核心。20多年教育人生慢慢形成他教育的慈悲情怀，远大质朴的抱负，面对教育教学难题怪问时"如烹小鲜"的自信。

　　人生有几个十年？徐俊20多年，不论是在温州的穷乡僻壤，还是在杭州的美丽花园；不论是在一线当老师，或在学校做校长，还是在北师大博士研修的岁月，他都没有离开课堂教学，没有离开让人喜欢让人愁的小学语文。他把对小学语文理想境界孜孜不倦的追求，当作自己的生命图腾。梦想不实现，铠甲不解，不下马鞍，学习实践和反思跟进绝不中断。读书前言鲜活的师生故事，看诗意浓浓的后记，相信能和读者产生共鸣。

在这本书里，徐俊讲的并非是"普通话"，而是经过无数次实践思考说出来的真心话、理性话、智慧话。我印象特别深的是其对于语文学科的生命学说的结论。早在20多年前，我也在文稿中写过"习作是儿童生命存在的证明，是儿童生命的成长"。但徐俊从2006年进入工作站以后，就一直锲而不舍地对此进行研究。2007年5月，时值浙江大学110年校庆，工作站和浙大教育学院课程与教学论博士、研究生团队走到一起，建立了专业学习共同体，共创了"浙派名师青年教坛"。原本这不是他的"菜"，他真想吃，格外兴奋地抢了"一口"。于是，徐俊完成了在工作站学习最重要的演讲《当语文成为生命的图腾》。不断充实、趁热打铁，2010年在此基础上他的专著《生命与语文》在浙江教育出版社正式出版，并成为当年出版社赠送给浙江省老专家们的礼品书，这已经证明此书的分量。然而，徐俊没有满足，不愿止步，趁在北师大读博期间，在杜健霞和刘力教授的点拨下，终于修成正果，完成了《生命与语文》的博士论文。

读博，不是他"做官"脱离一线的敲门砖，而是他攀登语文教育的天梯，实现理想取之不尽、用之不竭的智慧与力量。在专家教授云集的国内外高端论坛上，敢谈"生命语文"，放言对"语文教学批判和重构"……这让我们看到徐俊身上温州文化的清晰印记。正是这敢于拼搏、敢为人先，善于吸纳、勤于学习的精神铸就了徐俊血脉里攻关克难的正气、智慧与本领。

在本书中，理论之火再次融化提炼了他和团队积累的实践智慧，完善了他的思想。他借鉴鲁迅、陶行知、叶圣陶和朱光潜等一大批国内外思想界、教育界、美学界大师的智慧，他认为"可以界定：语文，学科名。总类：科学；分类：人文科学；子类：人文教育科学；属：中国人文教育科学中一个基础学科。种差三个：以典范的古今书面语言作品为教学媒介；以启迪并发展学生智力为根本目的；以同化现代化的书面语言交际规范和同化现代化的中华民族共同人文心理为任务。足够与同属的别种学科如政治、历史相区分，也全面而真实地反映了本学科的本质属性"。"我们可以认定，语文作为母语课程关乎一个人的生命成长。正如朱光潜先生所言，语言是形式、内容、内涵三位一体的，学生在学习语言的过程中发展言语生命，在理解文本内容的过程中发展精神生命，在感受文章内涵的过程中发展社会生命。"终于完整、明确地提出语文教育的根本目的是发展学生的"学习生命、言语生命、社会生命、精神生命"。

说此书难得，那是因为徐俊对当下小学语文教育教学乱象的犀利理性、入木三分而又淋漓尽致、系统冷静的批判与反思。

《大数据时代》的作者迈尔·舍恩伯格曾经这样调侃当下慢吞吞的教育："假如生活在两三个世纪前的人物，比如英国的南丁格尔、法国的塔列郎还有美国的富兰克林走进今天的教室，会感到相当的熟悉，即便校园之外的世界已经发生了翻天覆地的变化。"加拿大教育改革家迈克尔·富兰也说："假设一个一百来年前的医生乘坐时空穿梭机来到了今天的医院，他一定会对着那些新仪器、新设备、新技术、新规则束手无策，而如果一个一百来年前的老师来到今天的课堂，尽管一些新的内容和环境也足以让他迷茫一小会儿，但很快地他就可以熟悉课堂的环境，辨别教学的要点并顺利展开教学。"

教育变革的确太慢。中国小学语文教育教学也乱象纷呈。云里雾里，我们听惯了和学校实践隔膜的、让一线教师不知所以的"高大上"的理论学说；懒于思考，我们习惯了自己和社会对小学语文莫名的种种指责和牢骚怪话。但是很难看到像本书那样真诚中肯、相对理性系统地对中国当下小学语文教育教学病态，由表及里、由浅入深的批判和全面反思。难得！

本书对语文教育教学的批判全面系统，几乎涵盖当下小学语文教育教学乱象的方方面面。作者从教学意识、教学结构、教学主体、教学内容、学段意识、教学技巧、教学目标、教学改革等八大切口条分缕析，由表及里、冷静理性地述说小学语文教育教学乱象的根源。

而对于小学语文教育教学如何重构，他既不倚仗引进的众多最新潮最多元的理论，想当然地天马行空，做柏拉图式的纯理想王国的描绘；也不放纵自己，误以为可以根据自己在城乡打拼的草根经验，就可以涂画小学语文教育教学的理想大厦。他知道重构，绝不是凭一己之力，一时之勇，但也知道必须迈出这一步。他把在北师大读博时学到的国内外教育教学的理论知识和自己新世纪以来沉浸其中的小学语文教育教学课程改革的历程融合起来；把老一辈导师们接地气的教育智慧和伙伴们20多年的实践反思的结晶凝聚起来，搭建崭新的、现代化的、符合小学生认知规律的语文教育教学的大厦。他从教学本质、道德、特点、教师素养、教材变迁、教学状态、教学原点、教学关系等八个语文的核心要素进行反思分析，大胆提出需要"教学本位、教学生命、教学审美、教学意识、教学策略、教师素养"等六个方面的重构。每每论述，自是小心谨慎，每有引用必有出处，尊重他人，尊重知识，尊重规则。

说此书难得，是徐俊在自己最重要的这本专著里，敢于和善于拿自己解剖说道。君子坦荡，不遮不掩，以壮士断腕的魄力和勇气进行批判，实属难能可贵！

徐俊是真诚的人、实在的人。他对于小学语文教育教学的批判是积极的、理性的、有益的。他那把锋利的批判的手术刀，不是专门指向他人的痛处，更不是阉割各类名师光彩的暗器。首先他是指向自己身上曾经的、现在尚存的病症肿块。在书中，徐俊用了让人惊讶的勇气和篇幅，敞开心扉，剖析自己语文教育教学的失误与教育教学问题背后的病因。这是我近十年很少见到的现象——这是一种积极的生活态度和严肃的治学精神，这也是徐俊实力和自信的体现。对三年级上册《她是我的朋友》案例，他是这样说的："真正有价值的教，应该是为学服务的，老师应该时刻有学生意识、学的意识，这才是解症之所在。""追求'完整'的课堂结构，我想自己当时大概有这么三点用意：《与象共舞》一是用完整的设计展示我作为老师的良苦用心。二是用完整的呈现表现自己的优良素质。三是用完整的目标全面体现我认识的课程理念。""此三点用意，其行为主体都是老师，其指向也是老师——老师的良苦用心，老师的优良素质，老师的课程理念。反过来再一想，语文教学为什么？为了提高学生的语文素养啊！那么这种缺失了'学生指向性'的以'老师'的因素为教学思考原点的语文教学，再完整，再完美，又有多少价值呢？"他认为：一是片面追求设计，导致时空错位。二是刻意追求呈现，导致过程缺失。三是盲目追求目标，导致学生缺位。要解决这类问题，一是用整体的教材视野克服"完美设计"。二是用扎实的教学过程淡化"完美呈现"。三是用学生的素养发展考量"目标实现"。我们老师要"从演员变为编剧，从台前退到幕后。从导演变为监制，从课堂教学的控制者，变为教学过程的调控者。从制片人变为剧务"。类似这样的自我解剖书中有许多，难得！

这样冷静理性的批判，没有他贪婪高质量的阅读学习，没有敢于解剖的勇气和习惯，没有挚爱与情怀，都难以梦想成真。

我特别欣赏他面对孩子和语文时永远不竭的激情和痴迷式的执着，我还欣赏他对伙伴的温情与生活的乐趣，做到有意义地工作，有意思地生活，想得简单，活得快乐！在构建小学语文教育教学的大厦的工作中，我愿意与他同行。

目录 | Contents

第四辑 语文教学的重构

漫论语文教学的定义与属性

第一节　语文教学当有自己的定义与属性

一

多年来，语文教学"讼案缠身"：或争其性质，或议其现象，论其方法，或辩其效果。种种讼案，概皆因认识不同造成。从认识论的角度看，下定义是认识一个事物比较好的办法。

很多学科都有清晰的定义，唯独语文没有。且不论古代中国没有独立的语文学科，自"癸卯学制"萌生现代教育制度以来，至今逾百年，从"国语""国文"到"语文"，未见有人给语文学科下过一个认识论意义上的定义，语文一直处于"不可道"的"无名"状态。

所谓"名不正则言不顺"，没有定义就如同没有身份。语文学科正是因此而被置于有"分"无"名"的尴尬境地，关于语文学科的很多争论也就陷入了"各言其是"的怪圈。

二

《道德经》有云："无名，万物之始。有名，万物之母。故恒无欲，以观其妙。恒有欲，以观其徼。"从蒙混不可言的"无名"之道，到各有特征、界限的"有名"之物，是认识事物的重要过程和方法。所谓"有名"，即事物的定义。一个具体事物的定义，总是能清楚表明其性质与关系，界定其特征及与其他事物的界限，这就是事物的属性。

语文教学是具体的，鲜活的，语文教学当有自己的定义与属性。这既是认识论层面的，也是课程论方面的。吴忠豪先生在《外国小学语文教学研究》前言中指出"我国语文教学长期不能走出困境的关键问题，可能更多地要从课程论方面寻找原因所在，因此这些差异可能更加应该引起中国语文学界的高度关注。比如：语文课程形态……语文课程重点取向……"就是告诉我们，当从"课程论方面"区别语文教学与泛语文活动，语文教学与其他学科教学的属性差异。

语文究竟是什么？语文有自己的内涵和外延，其概念和属性是客观存在的。语文是人文教育科学中以典范的古今书面语言作品为教学媒介、以启迪并发展学生智力为根本目的、以同化现代化的语言交际规范和同化现代化的中华民族共同人文心理为任务的基础学科。换句话说，语文教学就是通过语文课程的实践学习，发展学生的言语生命、社会生命和精神生命。

因此，我们可以认定，语文作为母语课程关乎一个人的生命成长。正如朱光潜先生所言，语言是形式、内容、内涵三位一体的，学生在学习语言的过程中发展言语生命，在理解文本内容的过程中发展精神生命，在感受文章内涵的过程中发展社会生命。作为"社会人"四个维度的生命属性——学习生命、言语生命、社会生命、精神生命，在语文学习过程中是共同成长的。

第二节　归根结底是对语文教学属性认识不够

一

新一轮课程改革从 2001 年始至今已逾十多年，作为基础教育的核心学科——语文的教学，却一直广受诟病，其中有课程设置问题，有教材体系问题，也有教学实践问题，等等。

2011 年出台的《语文课程标准》（修订版）是个积极的导向，第一次清晰地给语文课程下了一个定义："语文课程是一门学习语言文字运用的综合性、实践性课程。"课程定位非常准确，教材也做出了非常大的改变，语文教学专家和一线教师们也做出了非常大的努力。但冷静思考，语文教学仍有"拿着新船票，登上昨天的旧客船"之虞。

把语文教学比作"客船"，是因为很多老师虽然高举"生本"或"学本"大旗，但依旧"顽强"地站在教师的角度考虑语文教学的问题，在语文教学这件事上面反客为主了。这恐怕是对"学生学"这一重要属性的忽视。

二

语文教学有众多不可忽视的重要属性，如果认识不清，势必造成很多教学上的"怪象""乱象"。比如：

伪"生本课堂"。挂着"生本"的羊头，把自己装成"导盲犬"，把学生当成"盲人"，一步一步往自己挖好的坑里带，其思想根源为"教师的集体无意识"，一味追求课堂的完整和完美。为此，甚至不惜牺牲学生的课余时间，这对学生的可持续学习产生了致命的障碍。

高呼"我的课堂我做主"，这是公然的"反客为主"。

文本过度细读。不仅用文本细读的方式解读教材，也采用文本细读的思维教语文，把"教语文"窄化成了"教教材"。

上课没目标。教案上写着教学目标，老师心中却没目标，上课随性发挥，个性十足。

目中无人。此"目中无人"并非真的"无人"，而是没有看到学生的差异，甚至连不同年龄、不同学段的差异都忽视了，更不用说同年级、同年龄学生的个体差异。

公开教学表演化。一有人听课，老师们都不会"正常说话"了。

在一波一波的教改浪潮中，还出现了"数典忘祖"的怪现象，一味求新求变；面对教学明星，"邯郸学步"，以致无所适从，不知该"何去何从"……凡此种种，归根结底是对语文教学属性认识不够。

第三节　语文教学有哪些重要属性

一

语文教学有哪些重要属性？怎么重构符合其属性的语文教学？温儒敏认为："喊喊口号或者写些痛快文章容易……光是批评抱怨不行，还要多做建设性的工作。"以贾志敏、于永正、张化万等老一辈特级教师为代表的语文教学大师，以近一甲子的教学实践，在语文教学的特点、教学本质、教学关系、教学原点、教学道德、教学境界、教材变迁、教师素养和教学状态等属性上为我们提供了可资借鉴学习的范例。

二

语文教学的本质是什么？当然是"学生学语文"。怎么做？大师的课堂轻松、和谐、愉悦，有时候看似在"忽悠"学生，实则是为了在谈笑间让学生学会学习，是"不忽悠"学生。而有些老师，课堂上一本正经，有板有眼，看似"不忽悠"，其实，学生除了跳坑，什么都没学会，那是"大忽悠"。究其原因，是因为不明白语文教学中"学生学语文"的本质属性。老师在语文教学中定要先思本质，切莫被花样迷了心性。

三

在语文课堂上，特别是公开课，还要向老一辈学习坚守"教学道德"之道。什么样的教学道德？不为锦标，不为哗宠，更不计虚名，一心全在蒙童；当弃功利，师退，不以己彰，生进，不为显师；如人之有品德高下，课亦然。上品，浑然为生，师寻无踪；中者，师生互动，名师高徒，相得益彰；"学生一点都不配合"或"今天学生太配合了"是为下。

所谓"大道至简"。老一辈语文大师，如贾志敏老师被《文汇报》喻为"中国作文教学教父"，其课诚为上品。他以文风朴素、语言严谨闻名，曾是多年在东方电视台客座主持的语言大师、语文教学大师，贾老师在面对老师的讲座中现身说法——语文老师应该有怎样的素养。在课堂上，贾老师全然不彰显自己，让人看到的是学生如何一点一点进步起来，如何学会学习语文。这是对语文课堂的敬畏，更是对学生"学习权"的敬畏。

四

课堂教学有四重境界：不似课，似课，是课，非课。不管从教学结构、教学语言，还是教学方法、效果考量，都是如此。

所谓的"不似课"，其实就是"课不像课"。严格意义上说，并不是"课"的境界，而是"课在人外"。毫无头绪是其一，语无伦次是其二，学无方法是其三，教无效果是其四。

所谓的"似课"，是新教师初登讲台常见的现象，是"课在人旁"。有板有眼是其一，有模有样是其二，有招有式是其三，有习有得是其四。

所谓的"是课"，是熟于教学且颇得法的骨干教师心无旁骛时呈现的课堂，是"课在人中"。循序渐进是其一，成竹在胸是其二，格物致知是其三，恋恋不舍是其四。

所谓的"非课"，是课的最高境界，是"人课合一"，人在课中，课推人走，人随课动。形散神聚是其一，春秋笔法是其二，大雪无痕是其三，虚怀若谷是其四。

语文教师最起码应该追求第三重境界，为了学生而上课，做到心无旁骛，不要太多为"利衰毁誉称讥苦乐"所牵绊。

五

关于语文教学的特点，我有一句比较极端的判断——工具性就是人文性。此话虽然有点极端，但也不是胡言乱语，依据就是朱光潜先生曾说过一句话："语言是形式、内容、内涵三位一体的"。从逻辑上判断，在这个"三位一体"中，"形式"意义上的语言，应该是"内容和内涵"这个"上层建筑"所依托的"经济基础"。

六

至于语文老师应该有怎样的素养，我想，优秀的个人素质是必不可少的，但是切不可因为优秀的个人素养而迷失了自我。老一辈教学大师通过他们的教学告诉我们，语文老师更应该在对语文的敏感力、学科操守、学科功底、教学智慧、治学态度等方面有所追求！

七

当语文教材在一次次教改、课改中发生改变时，当很多人为一些课文的去留争辩不休时，我想到一句话："欲教，先思去来如一。"不管课程和教材怎么改变，在个体成长的历程中，语文是和我们生命一起成长起来的。语文是有形的，时而放浪形骸，啸傲山林；时而文质彬彬，形神兼美。语文是有神的，可感，可叹，可歌，可泣，可以兴观群怨。语文是有根的，关注人文，承载审美，关怀生命。如此，便可以不变应万变。

八

关于老师在课堂上的教学状态，前面在教学境界中讲到"心无旁骛"，蔡邕《笔论》中的一句话"书者，散也。欲书先散怀抱。若迫于事，虽中山兔毫，不能佳也"。上课，不亦散也？所谓"人法地，地法天，天法道，道法自然"，天地万物，只要是人所为，境界高处，盖莫出此左右。然，观今之课堂，"迫于事者"多。虽执教者如师中之"中山兔毫"，不能佳也。而这一切的思考，归根结底是指向语文教学的原点，就像"我是谁"这样的直指生命根本的追问。我想每个人，只要经历了如同王国维先生《人间词话》中所谓的"人生三境界"，必定能实现尼采所说的"精神三变①"，也都能回到教学的原点，这样才不至于南辕北辙。

九

语文的教学原点在哪里？应该就是"学生学语文"，让学生在学会学语文的过程中实现"学习生命、言语生命、社会生命、精神生命"的共同成长。而要实现这一点我们还得牢记陶行知先生的主张："先生之责任不在教，而在教学，而在教学生学；教的法子必须根据学生学的法子；先生不但要拿他教的法子和学生学的法子联络，并须和他自己的学问联络起来。"

---

① "精神三变"是德国哲学家尼采于他的《查拉图斯特拉如是说》中提出的一个概念。以三种生物——骆驼、狮子、婴儿来譬喻人类精神的变化。精神会由骆驼变成狮子，再由狮子变成婴儿。骆驼代表的是背负传统道德的束缚，狮子则是象征勇于破坏传统规范的精神，最后的婴儿则是代表破坏后创造新价值的力量。

第四节　语文教学需要重构

通过深刻反思，弄明白了"语文是什么，语文要干什么，语文该怎么办"以后，我们才能重构理想的语文教学。以个人之拙见，我们应当从以下几个方面重构语文教学。

一

语文教学本位的重构。首先我们应该弄清楚言语形式与内容的关系，做到"行思不错位"——语文课不仅要学习内容，更要学习语言；做到"思维不错位"——课文理解不是先有结果再有过程，而是在语言学习和阅读实践的过程中，得出文本内容和内涵的结果；做到"教学形式不错位"——再巧妙的设计，那也是老师在教，我们应该更多地以任务驱动学生的学习；我们还要做到"主体不错位"——处理好"教师教"与"学生学"的关系。

二

在此本位思考之下，语文课到底该干什么？我认为，语文课不能只是学内容。小学六年，就那么三百来篇课文，何况不是篇篇经典，背得再熟，学得再透，挖得再深，还是不够。

语文课要怎么上？如同数学的例题是拿来用的，不是拿来学的，我们可以把课文当例子,让学生学会学习。例题需要尝试、操练,那是因为例题有典型性。语文课就是要把握语言范例,要把"教"为主变成"学"为主,让学生成为课堂学习的主人,把教学目标指向学生,让"会不会学"取代"学会了没"。

三

语文教学生命的重构。语文教学是关乎生命成长的。我曾在浙江教育出版社出版了我的博士论文《生命与语文》。在思考"语文是什么"的基础上,提出了"生命语文"的概念。这倒不是给语文贴标签,而是我认为语文学习是指向"言语生命、社会生命、精神生命"的。2009 年书出版了以后,在探索生命语文教学策略的实践中,又发现这三个维度的"生命",还离不开第四个维度的"生命":学习生命。而这四个维度的"生命",又分为两个层面:第一层面,学习生命和言语生命是物质基础;第二层面,社会生命和精神生命是上层建筑。我告诉自己,要教一辈子语文,一定要搞清楚一点:语文是关乎学生的这四个维度生命发展的。

四

语文教学形象的重构。语文教学的形象怎么重构?无非是要清楚什么课型该是怎么样的。从当前的课堂来看,很少有教师把语文课上成品德课、历史课、科学课等等"四不像"的。这是从学科角度来看的,语文课应该有语文课的形象。

而从课型来看,阅读课、习作课、口语交际课、综合性学习,也应该都有自己的面貌。阅读课就是让学生在阅读实践和言语实践中学习阅读、发展语言;小学的习作课称"习作",不称"作文",因为这是学习写作,不是文学创作,是在书面语言的操练中习得写作的思维和方法;口语交际课不是"听说训练课",应该有真实的交际情境,除了言语操练,还应有交际规范和礼仪;综合性学习,形式上是综合的,但应该围绕"语文"这个主题!教有法而无定法,只要把这些抓住了,语文课各种课型的形象也就清晰了。

五

语文教学意识的重构。语文教学还应该建立起几种意识：

"学语文"的课程意识。语文老师要不停地问自己"语文是什么？"要始终清醒地告诉自己："语文是学生学习和运用语言文字的综合性、实践性课程。"学习语言，教语文"课程"，不只是教课本，更要突出语言因素。像《骆驼和羊》《荷叶圆圆》《棉花姑娘》《松鼠和风筝》等等，都是学语言、学阅读的典型课文。"学语文"要学什么？就是把"两基"（基础知识和基本技能）变成"四基"（基础知识、基本技能、基本习惯、基本方法）。

"学生学"的生本意识。不是给了学生足够的时间和机会就是"生本"。除了时间分配，还要考量有多少学习活动是学生自己建构的学习任务，有多少学习行为是学生主动地学习，而不是老师"挖坑"给学生"跳"。如果老师挖一个"坑"，挖得很深，学生半天"跳"不上来，那也要花时间啊。这就不是"生本"了。

"求效果"的效率意识。怎么实现高效？采用目标倒逼机制。教学过程，练习和评价要和教学目标达成一致性，可以根据教学目标对课堂做前测、后测。有了分析和比较，我们才能发现，教与不教是不一样的！教学目标要少而精，教学内容相对集中，学生学得相对突出。不求面面俱到，"伤其十指不如断其一指"，这才真有效。

六

语文教学备课的重构。要建构理想的语文教学，从教师的工作程序来讲，无非是"教材解读、目标制订、教学设计、课堂操练（学习的实践）"。

以上四者中，就学生学习而言，课堂操练是很关键的！什么叫学习？"学"就是"模仿"，"习"就是"习得"，包括课堂练习和作业在内的阅读实践、言语实践，是"习得"的过程。如何才能"习得"，需要有效的"操练"。因此，考量备课的有效性，评估"课堂练习"尤为重要——当然不是考察一堂课设计了几道练习题，而要关注课堂上语文实践的时间，根据学段、单元训练重点以及文本的不同，确定有效的实践内容。这种语文实践包括听、说、读、写的实践操练，阅读策略的实践操练。这些都要依托课文这个载体，充分展开！

备一堂课，教材解读准不准，目标定位准不准，教学设计合不合理，就看课堂操练，也就是学生的学习实践！

七

语文教学评价的重构。课堂教学有境界的差异，却没有绝对的好坏之分。如同足球比赛，再"臭"的球也是有技术成分的。抛开相对更"臭"的国足男队不说，尽管女足输给了朝鲜，但评论员却说，不管成绩如何，我还是很欣赏这支女足，因为这几场比赛，我看到了她们昂扬的精神面貌！

课也一样，不能简单地用"好人""坏人"的思维来评价。为了有益于语文教学的重构，我们可以建构不同的评课维度。比如，从"学生学"的角度评课，从"教"的视角评课。还有专题视角的评课，如课堂教学与教学意识、语文教学的形式和内容、语文课堂教学的要素以及特定的教学活动等。

从不同的维度观课、评课，更有利于我们比较全面地建构有效的本真的语文课堂，更大程度地避免因视角的狭隘，出现失之偏颇的现象。

八

语文教学策略的重构。经常有人会问，语文到底怎么教？这就牵涉到策略层面的问题了。语文教学的有效策略很多，通过对教学大师和名家的教学分析，结合自己的教学心得，我们或许可以归纳出比较典型的三个方面：一是立足工具性，二是回归生活性，三是走向综合性。

九

语文教师素养的重构。要重构语文教学，老师应该是怎样的？把复杂的事情简单化，无非两个方面：

一是平和与深沉。老一辈语文教学大师就是在课堂上现身说法，告诉我们师者应该要平和、深沉，要善于发现。根在语文，成在细节，质在无华，功在严谨。

二是内质美而外显慧，也就是所谓的"慧外秀中"。很多老师，往课堂上一站，或者和人一对话，再或者信手写几个字，人家就会说，"你就是老师，老师就是这样的"。在课堂上，他也能"镇得住"学生，让学生对学习意犹未尽；下了课，还有学生愿意跟在屁股后头。这就是"慧外秀中"的魅力。

十

语文教师研修的重构。不是谁天生就是当老师的，更不是谁天生就是优秀的语文老师。我刚参加工作的时候，我们学数学出身的校长听了我的课以后，就曾告诉我："你不适合教语文，还是趁早改行教数学吧。"可我就是喜欢语文，于是非常努力地修炼自我，钻研教学，不断地实践、反思、行动、研究，现在也总算是一个比较合格的语文老师了。

这过程，说是简单，但真是"十年磨一剑"。我出版的最早几本书《生命与语文》《生命语文课堂与讲坛》《语文十年》《语文百日谈》和《〈红楼梦〉青少年读本》就是在工作第十年的时候完成的。

每个人的专业发展道路各不相同，但是无外乎这句话：在专业化的道路上幸福行走。

第二辑

语文教学怪现象之批判

第一节　教学意识之批判

意识（consciousness）源自拉丁文"consciencia"，意即"认识"，是人的头脑对于客观世界的反映，是人类认识自我和了解世界的核心。意，是自我的意思；识，就是认知、认识。意识的本质是人脑对客观世界的反映，其规律即自觉性，自觉即能动地认识及指导人类的自我自由的实现。

教学意识，即教师对学科教学的内容、教学关系、教学技术、教学评价等的自我认识，并以此指导自我的教学行为，表现为教师在教学活动（学科认识、备课、上课、评价等）中的自觉性。国家课程背景下教学的合理性及其效果，更多取决于教师的教学意识，特别是对教学活动中师生关系、教学技术和教学价值判断的自我认知。

新课程改革以来，先进的教学理念、教学技术和价值判断使语文教学发生了巨大的改变，然而在长期实践中形成的关于师生关系、教与学的关系的意识（教师个体的自我认知和教师群体的公共认知）却在一定程度上阻碍了语文教学价值的实现。

一、伪"生本课堂"的表现

十多年前的一次以"生本课堂"为主题的教学展示活动中，我上了一堂五年级略读课《刷子李》，自以为教学设计非常精巧，环环相扣；课文体会非常深刻，精彩迭出；学生学习非常活跃，时间充分；课堂氛围非常和谐，其乐融融。主办方也"肯定有加"，听课者亦"赞赏有加"。

现在想来，却是一堂典型的伪"生本课堂"。

如我的人教版小学语文五年级略读课《刷子李》教学设计。

刷子李

一、课前语文

（一）从"胸有成竹"的典故说起。

（二）谈"语文学习"的重要任务。

二、揭示课题

（一）板书课题。

（二）解读课题。

（三）介绍《俗世奇人》与冯骥才。

三、初读课文

（一）自由读课文。

（二）整体感知。

1. 感知刷子李。

（1）指名读第一自然段。

（2）概括刷子李的特征。（美、绝）

2. 感受刷子李。

（1）范读导入。

（2）指名读第二自然段。

（3）感知"美"。

指名读：

"可刷子李一举刷子，就像没蘸浆。但刷子划过屋顶，立时匀匀实实一道白，白得透亮，白得清爽。""啪啪声里，一道道浆，衔接得天衣无缝，刷过去的墙面，真好比平平整整打开一面雪白的屏障。"

读中感受美。

读中体会表达的妙处。

（4）感知"绝"。

指名读第四、六、七、九小节。

留下悬念：

叫绝之余，我们又不得不问一个问题，这样的墙是怎么刷出来的。这是我们这些外行人想不明白的地方，也是内行人最想知道的。文章在第一小节介绍刷子李的时候，有没有说？想不想知道？想知道就得好好读这篇文章。这就是冯骥才的高明之处，在开头留下了悬念。

四、重点理解（第五小节）

（一）浏览课文。

哪个小节专门写刷子李怎么刷墙的？

（二）指名读。

在第五小节中画出写刷子李怎么刷墙的句子。

（三）解读细节。

1."可刷子李一举刷子，就像没蘸浆。但刷子划过屋顶，立时匀匀实实一道白，白得透亮，白得清爽。"

（1）关注刷子李的动作，"举""划"，你们自己做做这个动作。

（2）再来读读这个句子，你看到的又是一组怎样的镜头？

（3）指名读。

（4）感受"细节"。

（5）读句子。

2."只见师傅的手臂悠然摆来，悠然摆去，如同伴着鼓点，和着琴音，每一摆刷，那长长的带浆的毛刷便在墙面啪地清脆一响，极是好听。啪啪声里，一道道浆，衔接得天衣无缝，刷过去的墙面，真好比平平整整打开一面雪白的屏障。"

（1）指名读。

（2）老师范读，想象场景。

（3）引读体会。

五、回归整体

（一）浏览全文，找出描写曹小三的语句。

（二）体会"半信半疑"。

（三）感知文章构思的独特之处。

（四）感受语言的生动之处。

六、小结课堂

七、板书

特征【美、绝】	悬念	感知
细节【悠然】	具体	理解
构思【半信半疑】	独特	欣赏
语言【传说】	生动	评价

（最后随着课堂小结，擦去板书。）

"生本课堂"，就是为学生自主学习服务的教学。上述《刷子李》一课，被人所赞赏的"精巧设计"，却是把"教"的设计当成了"学"的设计；被人肯定的"深刻体会"，却是把教师的"细读"当作了学生的"理解"；被人赞赏的"充分学习"，却是把教师"教"的目标当成了学生"学"的目标。

在潜意识里，我把课堂当作了老师表达教学见解的舞台。若有人听课，那么听课者是来看我怎么上课的，而不是关注学生怎么学语文的！所以，从整堂课的设计来看，课前语文的"典故"和"任务"，是为呈现我的教材解读做铺垫的；整体感知部分概括刷子李刷墙的"美"和"绝"，再充分诵读感受"美"和"绝"，是为呈现我的独特设计；重点阅读部分，紧扣第五自然段圈、画、读、品、想，乃至回归全文，感知文章构思的独特之处，感受语言的生动之处，甚至最后结课环节"随着课堂小结，擦去板书"，都是把我教的目标当成了学生学的目标，全然不顾略读课文的课型特点，上成了"以师为本"的"精读课文"。

如此设想，归根结底是我把课本当作"教"材而非"学"材；"学"的滞后，导致了课堂教学中学生本位的缺失，让"教本课堂"的实践偷换了"生本课堂"的概念。

二、真"以教为本"的表现

把课本当作教材，想的是怎么教好"书"，怎么让学生理解、感悟、体会教材内容，这是认知层面的，是知识层面的。然而对学生而言，知道多少固然重要，关键却是知行合一，是学习能力、思维能力、解决问题能力的提高。这些，光讲解教材内容是没办法实现的，而且就知识和认知层面来看也是不够的——仅薄薄的一本教材的知识，在知识时代实在是太单薄了。

把课本当学材，想的是怎么样以课本为例子，教会学生学。老师首先考虑的问题就不是怎么挖掘教材的深度，不是思考怎么引导学生理解教材内容，而是首先思考，这个教材对学生的学科能力、素养发展和学习能力而言有什么价值，如何围绕着这个价值，利用这个教材，给学生创设一个实践和对话的平台。

如我的人教版小学语文三年级上册《她是我的朋友》第一课时的教学设计。

她是我的朋友

一、教学目标

1. 在预习的基础上，根据对课文内容的印象，尝试梳理新词，分类进行比较学习；在阅读的过程中，通过联系上下文等方法，理解关键字词。

2. 通过朗读、默读等方式，感知故事主要内容，捕捉重要信息，并尝试以"人物＋事件"的方法整理关键信息。

3. 在感知故事内容的基础上，通过有感情地朗读，关注人物的表情、动作，借助课文中的人物对话，加深对课文的理解，并借助对话的几种写法的操练，表现对课文的理解。

二、课时安排：2 课时

三、第一课时教学流程

（一）揭示课题。

（二）整体感知。

"她"——小姑娘（　　　），如果（　　　），就（　　　）。

阮恒——"我"为了（　　　），愿意（　　　），哪怕（　　　）。

（三）言语实践。

1. 迫在眉睫：课文中有两处句子表示情况"迫在眉睫"，找出来。

（1）经过查看，他们确认这个小姑娘伤得最重，如果不立刻抢救，就会因为流血过多而死去。

（2）一位医生告诉这几个孤儿，如果他们不能补足这个小姑娘失去的血，她一定会死去，问是否有人愿意献血。

2．"害怕"

（1）在抽血的过程中，阮恒一直在干什么？（出示："啜泣、呜咽、低声哭泣、抽泣"的句子）

（2）你从阮恒的哭当中，感受到了什么？（害怕——"他以为自己就要死了"）

3．"勇敢"：画出描写阮恒表情、动作的词语，想想其心里的想法。

【阮恒心想：_____。】

（四）课堂小结。

"抽血"那段文字，通过描写表情的句子，让我们看到了阮恒内心的害怕，也通过描写动作的句子，看到了一个非常勇敢的阮恒，读懂了他心里在想些什么。其实课文还有很多写阮恒表情和动作的句子，下节课我们再来好好读读，读出阮恒当时是怎么想的。我们还会有很多的感动。

（五）板书设计。

```
          她是我的朋友
           迫在眉睫
   害怕              勇敢
  （表情）           （动作）
```

就这篇课文而言，故事内容并不难理解，作为发展学生语言能力和阅读实践的例子，第一个教学目标比较契合三年级学生的最近发展区。对三年级的学生而言，应该在实践中逐渐形成比较熟练的自主识字能力，也应该逐步实践"联系上下文理解字词"的方法。

而在整体把握文章方面，三年级的孩子需要的是从二年级的朦胧感知逐步向有策略的梳理发展。这个逐步发展的过程需要脚手架。第二个教学目标就是为学生搭建了"人物＋事件"这一脚手架。就这一方法而言，本文是一个"例题"，供学生尝试实践，接触方法，为今后同类文章的阅读实践提供范式。

阅读课当然需要真实的阅读情境。根据现行的阅读和写作同教材、读写结合的编排体系，阅读需要和表达有机结合。因此，阅读课又兼任"学习语言表达的例子"

这一任务。第三个教学目标则是"借助对话的几种写法的操练，表现对课文的理解"，其出发点正是指向表达的操练和言语规范的建立。而内容，则是学生自己对文本的理解过程。

至于对教材内容本身的理解，我相信，基于以上语言和阅读的实践，在学习过程中，学生自然而然就对教材有了较深刻的理解和体会。

三、论教师"集体无意识"

为什么会出现"以教为本"的现象？根本问题是我们的"集体无意识"。处在"集体无意识"状态下的课堂教学，我们看似根据新理念精心设计，其实对自己的教学行为，很少深入想过"为什么这么做？"更很少想过"这样做对学生有什么好处？"最可怕之处在于，为学生传道、授业、解惑的我们，很少意识到自己这个群体所处的教学行为无意识状态。

无意识，并不是说我们上课没用脑，更不是说我们无知。须知，如今的老师，较之二十世纪，大部分都是高学历高水平的，知识相对渊博，理论功底相对深厚，视野相对开阔。加上如今来自主管部门、业务竞赛、职称晋升、家长社会等方面的压力，老师们莫不兢兢业业，为上好课甚是煞费苦心。但是这种"有识之士"的"用心良苦"，却仍避免不了集体无意识。这是为何？

一是职业化的遗传。不少当了老师的，并没有在入职之初好好考虑过"我"到底是干什么的，而是很自然地接过前一代的衣钵，鲜有思考地开始从业。这是无意识的。且看我们的课堂，自己做学生时不希望老师做的，现在当了老师却做得津津有味；自己做学生时对老师的某些课堂指令莫名其妙的，现在当了老师却很好地传承了下来；当老师的好像就是这么做的，我也就这么做了。

二是宗教化的崇拜。中华民族有着历史悠久的宗教崇拜心理，延及各行各业，演化成了对"大腕"的崇拜。这也是无意识的。再看，每隔一段时间总有一些流行性教学方法风行于我们的课堂，如同流行音乐一样。各学科的大腕们的招牌动作在很多老师的课堂上被模仿得十分逼真，而名师教学动作背后的先进理念和具体的目标考量，却未必被正确理解。

三是习惯化的惰性。一些新教师没有专业判断力，习惯了不加思考的模仿；一些骨干教师习惯了拿来主义并逐渐产生职业倦怠；一些老教师有了几十年的惯性，更愿意让课堂状态保持现状。

四是应付性的麻木。当教学理念和教学主张迭出纷呈的时候，我们根本来不及细想，更没法在自己的教学实践中一一实施到位。这时候，给教学行为贴上新理念的标签作为应付，成了最方便的手段。久而久之，因为应付，变得麻木，对自己的行为也就开始变得无意识了。

如此集体无意识状态下的教学，很难实践先进的理念。比如伪"以生为本"课堂，貌似让学生自主体验并获得一些认识，但学生所学习的内容，大多是老师设计好的内容，学生所思考的问题，也是老师引导的对教材内容的思考，唯独没有给学生主动构建话题，在任务驱动下获得能力，在能力习得中深刻体会教材内容的机会。这种教学，老师的意识在于教材、在于自身、在于教学。

真正有价值的教，应该是为学服务的，老师应该时刻有学生意识、学的意识，这才是解症之所在。

第二节　教学结构之批判

所谓教学结构，是指在一定教育思想、教学理论、学习理论指导下，在某种环境中展开，由教师、学生、教材和教学媒体这四个要素的相互联系、相互作用而形成的教学活动进程的稳定结构形式①。从这个定义出发，不难发现，教学结构重点关注的是各种教学要素之间的相互联系、互相作用。但很多时候，教学结构这个词会被人误读为"课堂结构"，对教学的追求也趋向于越来越精致的"高结构活动"。这种误区，从根本上来说，和苏联的教育思想影响不无关系。虽然现在已经很少见到"红领巾教学法"的身影，但受思维习惯的影响，我们对完美"课堂结构"的追求乐此不疲。近年来，小学语文教学虽已冲破了赫尔巴特和凯洛夫的教学模式，但真正符合语文学科特点的科学的教学结构并没有真正建立起来②。

课改至今，应该说成果是十分显著的。一个突出的表现就是我们对教材的解读越来越深刻和丰富，对教材的把握越来越精准和到位，教学策略和手段越来越丰富，各种教学风格更是风起云涌。随之水涨船高的是，我们设计教学时，为了表现自身的优秀素质，为了教学过程的艺术化效果，为了在有限的时间里全面体现各种教学理念，为了追求一堂课教学效果的最大化，对课堂教学的追求越来越趋向完整化、完美化，追求教学结构的精致与独特，追求起承转合的水到渠成，追求课堂观感效果的精彩与引人入胜。于是，一堂课被赋予了很多包装的效果，承载了过多的教学内容，甚至为了呈现完整的教学设计，不惜牺牲学生原本就少得可怜的课间休息时间，肆意拖堂以体现我们的设计意图。

---

① 黄荣怀，沙景荣，彭绍东. 教育技术学导论［M］. 北京：高等教育出版社，2006.
② 王阴华. 小学语文课堂教学结构的优化［J］. 教育艺术，2013，2：2.

一、语文课，不完整又何妨

一次参加一项教研活动，主办方规定不准拖堂。本以为这是习以为常的"程序话"而已。谁知时间一到，主持人突然起立，宣布"时间到"，毫不客气。这让我好不尴尬。下了课，便听有人替我"抱不平"：都设计好了，为什么不让人家把课上完整呢？当时，我亦愤愤然：不让我上完，怎么知道我的设计意图？

课后静思，幡然醒悟：语文课为何一定要"完整"？语文课不完整又何妨？追求完整的语文课，其实是我在作茧自缚。在专业发展的过程中，我时常会追求"完整"的课堂结构，我想自己当时大概有这么三点用意：

一是用完整的设计展示我作为老师的良苦用心。比如力求通过一堂课，体现听说读写的结合，体现课内课外的沟通，体现学生学习方法的掌握和运用。于是就在教学设计中安排课前的前置性拓展，设计精彩的识字写字教学，涉及一波三折、一唱三叹的教学结构，安排精心设计的课内练习，补充丰富多彩的课外拓展材料……这样的课例，在我往常的公开课以及我为工作室学员设计的课上还不少。

如徐俊工作室学员关于人教版五年级《与象共舞》的教学设计及意图。

与象共舞

一、教学目标

1. 知识与能力：认识 8 个生字。了解"悠闲、松弛、尴尬、气氛、感染、笨重、熟视无睹、彬彬有礼、冲锋陷阵、翩翩起舞、摇头晃脑"等词在句子中的意思和作用。能正确、流利、有感情地朗读课文。

2. 过程和方法：在自主探究式的研读过程中通过教师引导感悟文本内涵，领悟课文的表达方法。

3. 情感、态度和价值观：了解泰国的独特风情与文化，感受泰国人与大象和谐相处的境界。

作为一篇一堂课要完成的略读课文，"老师"为学生所选择的学习内容不可谓不丰富，"老师"所制定的教学目标真可谓分量十足！

二、课时安排：1 课时

三、教学流程与设计意图

（一）初识大象，揭示课题，提出疑问。

1. 今天，老师带大家走进泰国去看一种动物。播放大象图片。

2. 揭示课题：看到这个课题，同学们有什么疑问？

（二）聚焦心语，初读课文，理清文章脉络。

1. 初读课文，整体把握。

（1）初识作家：这是一篇略读课文，作者是赵丽宏。出示作家简要介绍。

（2）聚焦心语：写这篇课文后，作者还写了自己写作后的体会，能帮助我们更深入地体会课文。

出示作家心语之一：

"在泰国，大象是人类最好的朋友。大象和人类那种亲密无间的关系，令我惊叹，也让我感动。"——赵丽宏

（3）初读课文：请大家用自己学习略读课文的方法仔仔细细地读课文。想一想，哪些地方让你感动？哪些地方令你惊叹？同时读好生字新词。

> 设计意图：以作家心语导入文本的阅读，为文本阅读奠定基调，同时能吸引学生乐于阅读。而且，这句心语又是学生文本导读的大问题。以大问题为背景引导学生深入阅读。

我们备课团队的这几个意图不可谓不"用心良苦"，为了"帮助学生"阅读，后面还引用了两处作家心语。此举不是不可以，但应该在合适的学习任务下，让学生学会自己搜集占有这些能帮助学习的资源，而不是老师"给"的，并以此"为阅读奠定基调"，这是以老师的课堂霸权和资源霸权强迫"学生的学习"！

2. 交流初读体会，理清课文脉络。

（1）检查生字新词的自学情况。

课文中有许多描写大象的词出乎我的意料之外，出示词语，我们来读读描写大象的词。

悠闲　沉着　小心翼翼　冲锋陷阵

彬彬有礼　翩翩起舞　攻城守垒

真难以相信这些词都是形容大象的，来，把它们填进去，夸夸我们的大象。

泰国的大象，是（　　　）的大象！它们会（　　　），会（　　　）。

五年级学生学语文，字词积累和运用固然不可或缺，但就教材的编排意图而言，略读课文教学的重点显然不在于此，而在于相对自主独立的阅读实践和言语实践。此时再花如此心思和时间于此，显然并不合理。何况，"把它们填进去，夸夸我们的大象。泰国的大象，是（　　　）的大象！它们会（　　　），会（　　　）"，这显然是让五年级的学生再炒三年级时的冷饭——这种训练，是辅助三年级学生整体感知文本的，对五年级学生而言，并不合适。这么做，不可否认，是为了表现我们的设计有多么"精心"。

（2）多么神奇的大象，而更神奇的是泰国人与大象的关系。你们读了课文，对于泰国人和大象的关系一定有自己的体会，用一个词来形容。

（亲密无间，和谐共存，零距离）

（3）读了课文，你的脑海中一定留下了许多关于大象的场景，这篇课文除了在第五自然段写了人象共舞这个场景之外，还写了哪几个场景？浏览课文，找一找。

（4）交流：大象按摩，人象逗乐，人象共舞。

（三）紧扣心语，深读课文，感受人象和谐的境界。

1. 导入：在这些奇妙的场景中，请你选择一两个场景好好品味，哪些地方让你惊奇，哪些地方让你感动，然后和旁边的同学互相交流。

2. 分板块交流读书体会。

（1）板块一：大象按摩

"成排的人躺在地上，大象慢慢地从人丛里走过去，它们小心翼翼地在人与人之间寻找落脚点，每经过一个人，都会伸出粗壮的脚，在他们的身上轻轻地抚弄一番，有时也会用鼻子给人按摩。"

①先读句子，体会大象具有的灵气。

②从大象的哪些举动中，让你觉得大象特别富有灵气？

引导学生体会"小心翼翼、抚弄、轻轻……"等处的描写，感受大象的灵气和人们对大象的信赖。（交流举例）

生： 我从"小心翼翼"这个词中感受到大象确实具有灵气，它们不想伤害人们。

师： 你读懂了大象的心。

生： 我从"抚弄"这个词中体会到大象很温柔，没想到庞然大物的大象是这样的小心，大象富有灵气。

生： 我从"寻找"一词中体会到大象的灵气，它不是毫无顾忌地乱踩，而是寻找恰当的地方落脚。

生： 我从"轻轻"一词看出大象是训练有素的。我感觉被按摩的人一定很舒服。

师： 此时被按摩的人他们感觉是很舒服，你很会体会。

生： 我感觉人们很享受。

生： 我感觉人们一定很惬意。

生： 我觉得不仅大象很有灵气，人们对大象也同样信任，否则人们不敢这么躺着让大象按摩。

师： 这就是人与象之间的亲密无间，谁能把这种感觉读出来？

③引导学生们读好"小心翼翼""抚弄"等词，体会人象之间的关系真是亲密无间。

（2）板块二：大象逗乐

"那位女士又惊奇又尴尬，只见大象面对着她，行了一个屈膝礼，好像在道歉。那庞大的身躯，屈膝点头时竟然优雅得像一个彬彬有礼的绅士。"

①用心去读读文中的句子，你一定能读出很多很多内容。

②交流。

此处学生会有许多个性化的解读：例如滑稽的大象、彬彬有礼的大象、爱开玩笑的大象、调皮的大象等，根据学生的交流，引导学生深入文章的语言文字中。（交流举例）

生：这是一只有礼貌的大象。我从它行屈膝礼中感受到的。

师：这还是怎样的大象呢？

生：这是调皮的大象，它把女士的皮鞋脱下来，还挥舞着皮鞋，不管女士的哇哇大叫。

生：大象太顽皮了，简直像一个淘气的孩子，不管女士的尴尬，只管逗弄。

师：调皮而又任性，这还是怎样的大象呢？

生：这是幽默的大象，它逗弄了女士，又向女士道歉，就像一个爱开玩笑的人。

生：这是彬彬有礼的大象，它屈膝点头时是那样优雅。

生：这还是滑稽的大象，它就像一个滑稽演员在表演，它想吸引所有人的目光。

（3）板块三：人象共舞

"舞蹈的大象，没有一点儿笨重的感觉，它们随着音乐的节奏摇头晃脑，踮脚抬腿，前后左右颤动着身子，长长的鼻子在空中挥舞。毫无疑问，它们和人一样，陶醉在音乐之中了。"

①最使你难忘的是什么？

生：最使我难忘的是人群和象群一起舞之蹈之，那场面是那么热烈。

生：最使我难忘的是大象的舞蹈动作，是那么陶醉。

②用你的朗读把大家带进那热烈的场面，谁来读？（生读）

我们来到边上了，谁再把我们带进去一些？（生读）

我们都成了舞蹈中的一员，来吧，一起读吧。（生读）

而此时，舞蹈中的大象又是怎样的呢？我们来给它一个特写镜头，自己边做动作边读，想象大象当时的样子。

③你脑海中出现舞蹈的大象了吗？

我看到了好多活灵活现的大象了，来，你读——

④引读，此刻它正在摇头晃脑，踮脚抬腿，前后左右……

这哪里是庞大笨重的大象啊，简直就是轻盈的舞者，灵巧的舞蹈家，舞蹈的精灵，被音乐陶醉的人。

⑤此时，陶醉的仅仅是大象吗？人醉了，象也醉了，这一切是那么奇妙，那么亲密无间。

（4）当我们与作家一样陶醉在这奇妙的画面时，当我们用镜头捕捉住这美好的瞬间时，出示图片。你会给这一个个画面，题一句怎样的话呢？拿起笔，给你脑海里印象最深刻的一幅画面题一行字。

预设：和谐，创造美好的境界。

人象共舞，美哉乐哉。

大象按摩，其乐融融。

和谐，往往创造美好的境界。

（5）交流。

（四）心语启思，深入思考与象共舞的内涵和意义。

1. 当我们为此而惊叹不已时，你的脑海里可曾画了一些问号？

2. 为什么在泰国人象会如此和谐？作者也有过这样的思考吗？

出示作家心语之二：

"人类该如何来善待和人类共同生活的动物，让它们活得快乐自在，活得有属于它们的尊严呢？"——赵丽宏

3. 联系课文，说说你的想法。

> 设计意图：引导学生再次阅读课文，体会泰国人对大象的信任与尊重。

4. 如果我们也能与动物如此信任和尊重，我们必定能与动物和谐相处，也许有一天，当藏羚羊的耳朵不再被盗猎者的枪声惊醒，当水獭的家园不再被骚扰，当小鸟能安静地停靠在我们的肩膀，当金丝猴能向我们绽放美丽的笑颜时，我们或许也能达到与象共舞的和谐的境界。

我们也会与象共舞，甚至与……共舞。

（预设：与莺共歌，与蛙同鸣，与鹿同奔……）

> 设计意图：培养学生质疑思考的能力，同时引导学生深入地领悟文章的思想内涵。

出示作家心语之三：

"人和动物的和谐相处，在泰国人和大象的关系中得到了充分体现。泰国人和大象的关系，使我看到了这种人和动物共同生活的理想状态。"——赵丽宏

是呀，动物不是无情物。有爱一切皆有可能。

从"走近大象""聚焦心语""紧扣心语"到"心语启示"，我们这个团队设计的教学环节围绕"作家心语"这个主题——而不是教材单元所规定的阅读实践和言语实践的任务，起、承、转、合精心巧妙；三个板块的设计融合听、说、读、写、感受、想象，学习形式异常丰富。然而，若离开了老师的巧妙设计，学生能学否？若学生非我们当时公开教学的名牌学校的学生，教学任务能完成否？就算是该学校的学生，四十分钟，能否让每个个体都充分经历此过程？

（五）自选作业。

1. 二星级作业：整理所学内容，积累文中四字词语并完成下列填空，所填入的词语不能重复。（若自己还能填写，越多越好）

与（ ）共（ ）　　与（ ）共（ ）

与（ ）共（ ）　　　与（ ）共（ ）

2. 三星级作业：你眼中的大象是怎样的？写一段话，用上从课文中积累的描写大象的词语介绍你了解的大象。

3. 四星级作业：通过图书馆或网络查找作家赵丽宏的创作体会《天地间的美妙奇观 ——关于〈与象共舞〉》，结合课文，写读书体会。（材料网上有）

4. 五星级作业：所有的动物都能与人和谐相处，就像泰国人和大象那样吗？举例说明自己的观点和思考。可以通过图书馆、网络查找资料，可以向他人咨询、讨论（如科学老师、同学、父母等），使自己的观点更清楚、明确。

> 设计意图：设计的作业以自选菜单的形式呈现，菜单由易到难，针对学生的个性差异，满足不同的需求，如有的学生需要积累，有的学生喜欢拓展，有的学生需要基础知识训练，有的学生更需要引领他思考。这份菜单中，二星级和三星级作业指向基础，指向课内，指向所学知识的运用。四星级和五星级作业指向课外，指向思考，指向信息的搜集与处理。学生的不同选择会有不同的积分。培养学生根据自己需要自主选择的能力。

围绕这么一篇文质兼美的课文，若要充分挖掘，当然会有许许多多的教学价值蕴含其中，我们的作业设计也算是"用心良苦"！但是，课文进入教材定要承载特定教学价值，如此长的一篇略读课文，一堂课完成尚且困难，如此丰富的"作业大餐"让学生如何下手？虽有课内课外的选择权，但是这些作业基本上都是要课外完成的。现在反思这个作业，不禁汗涔涔。一节略读课，尚且有如此多的作业留在课外，那么被老师们"挖掘"得更透彻的精读课呢？又有作业几何？又要占用多少课余时间？还有其他学科呢？学生的休息权、游戏权、生存权将如何保障？

二是用完整的呈现表现自己的优良素质。曾几何时，我觉得自身素质非常不错，于是，一不小心就因此而迷失了作为语文老师的本分。因为自我感觉良好，字写得不错，书读得不赖，即兴发言、点评、引导也感觉能做到口吐莲花、字字珠玑，表现出文化底蕴非常深厚的样子，于是乎，往往就容易在教学设计的时候考虑如何把自己的这些"优势"转化为教学资源；于是乎，在教学过程中，我就常常会力求完整体现自己的教学设计，把这个过程和自己的素质完美地体现出来。

如我执教人教版六年级《少年闰土》（第一稿）课前导入部分。

少年闰土

课前谈话：

（课件出示一段介绍我的文字）徐俊，字沐修，号栖心斋主，别号横舟子。一个爱写诗、爱读诗、爱孩子的小学语文教师。

（师：动情诵读《我想》）

我想把眼睛，

装在风筝上。

看白云多温柔，

瞧太阳多明亮，

望啊，望——

蓝天是我的课堂。

在课堂里，我看见了30朵云彩，

30朵云彩，每一朵都有奇妙的梦想；

这朵云彩用眼睛看着我，他在想——

生 1：我想变成一只蝴蝶飞啊飞。

师：变成一只蝴蝶在课堂里飞啊飞，可是你的心不能飞到教室的外面。

师：这朵云彩他在想——

生 2：我想变成一棵大树在阳光下成长。

师：好的，一棵大树。

师：蓝天是我的课堂，这朵白云在想——

生 3：我想变成一株小草。

师：变成一株小草，但是你不能无声无息。

师：知道我刚才朗诵的这一段诗是哪篇课文的吗？

生：《我想》。

师：课文当中是这样写的（出示课件《儿童诗两首·我想》）。我们唱和一下，一唱一和，我一唱，你们一和，很有味道的。

（师生唱和："童年/是一幅画，画里/有我们五彩的生活；童年/是一首歌，歌里/有我们的幸福和欢乐；童年/是一个梦，梦里/有我们的想象和憧憬。"）

师：真好，我真的非常喜欢你们，你们帅呆了。童年是最美好的，就像冰心先生在诗中写道——谁来读？（大屏幕展示）

生：童年呵！（指出读音 nā）/是梦中的真。

师：我的童年，已经是过去的一场梦，但那梦却是真实的，想起来令人心醉。是梦中的真。你们的童年呢？

生：是真中的梦。

师：你们就是美好的童年时代，美好的像梦一样。

师：一起读。

我想，当时的我，或许是口吐莲花，或许真的很投入，很陶醉，犹如"缪斯"附体。可这样的课堂语言，这样的教学情境，并不是真实的生活对话，不是"正常人"对话的方式。我想，那时的我，一定是把讲台当成了舞台，借助学生学习的课堂，不合时宜地展现自己的"完美才华"。

三是用完整的目标全面体现我认识的课程理念。新课程以知识与能力，过程与方法，情感、态度与价值观三维的角度表述教学目标，而这三维目标在一篇课文里，往往有很多的具体内容。那时，我时常会为了充分体现自己对文章的深刻解读和对课程理念的深度理解，往往在目标设定时求全贪多，指望毕其功于一役。

此三点用意，其行为主体都是老师，其指向也是老师——老师的良苦用心，老师的优良素质，老师的课程理念。反过来再一想，语文教学为什么？为了提高学生的语文素养啊！那么这种缺失了"学生指向性"的以"老师"的因素为教学思考原点的语文教学，再完整、再完美，又有多少价值呢？

二、"完美课堂"造成三大障碍

如上文案例所示，这样"完整、完美"的语文课，现在想来，可能会造成影响语文教学价值实现的三大障碍。

一是片面追求设计，导致时空错位。因为老师的教学设计用心良苦，要体现的东西很多，教学过程的每一个环节都被放大了。于是很多原本不是本课时的任务，被拉进来了；很多应该是课外的事情，应该家里做的事情，也被拖进课堂了；课堂时间不够用，拖堂的现象也出现了。这就导致了语文学习时空上的错位。

二是刻意追求呈现，导致过程缺失。这一点尤其突出。老师自我表现的时间和机会多了，学生学习的时间和机会就少了。老师为了完整呈现教学设计，有些环节就不可能充分展开，成了走过场，过程性学习就缺失了。

三是盲目追求目标，导致学生缺位。目标的定位超量超载，超出学生的学习能力，是对学情的忽视，是对学生学习的漠视，是以老师的一厢情愿替代学生的发展，这必然导致语文教学过程中学生学习的缺位。制订目标，与其追求"毕其功于一役"的完整性目标，不如实现"伤其十指不如断其一指"的有效性目标。

三、摆脱"完美课堂"的陷阱

那么如何摆脱语文课片面追求完整的陷阱呢？我以为，可以从以下三个方面入手：

一是用整体的教材视野克服"完美设计"。每一篇课文都是一个有机整体的话语形象。作为一个话语形象，它有自己的核心话题，有标志性的话语形式，有课程规约了的价值追求。只要在整体上把握住了话题、言语和价值这三点，也就是朱光潜先生所说的"内容、形式和内涵"，语文课的教学就相对集中了，教学设计就可以有的放矢了，也就一定程度上摆脱了"完整性"和"完美性"的束缚。

二是用扎实的教学过程淡化"完美呈现"。语文课堂教学追求的是什么？是学生的学！一切教学手段和策略，一切教学形式和媒体，都应该站在"为了学生扎扎实实学语文"的角度去选择。教学如果扎扎实实从学生的学出发，也就一定程度上摆脱了"完美呈现"的束缚。

三是用学生的素养发展考量"目标实现"。课堂可以预设的目标有那么多，怎么选择？怎么实现？我们唯有充分考虑，哪些目标是本课最重要的，哪些目标是课本可以实现的，哪些目标的实现对学生而言是有增量的，这样才能做到有的放矢。这样，当我们集中精力打了一场"歼灭战"，当一堂课结束时，这些经过比较和选择的目标实现了，我们的课，哪怕还没得及实现完美的"起承转合"，哪怕不完整，也是成功的。

如我的人教版小学语文六年级《少年闰土》教学设计（教法二）。

少年闰土

（一）破题开篇："少年闰土"的两种读法。

（二）自主构建学习任务。

（三）自主学习。

1. 自读课文两遍。

（1）浏览课文，圈、记生字词语，不理解的打上个问号，难记的打上三角。

（2）默读课文，找到与闰土有关的信息，用横线画出来。

2. 交流。

（1）字词学习。

（2）搜集信息，自主建立"少年闰土"信息树。

（3）处理信息，梳理、提取重要信息。

3. 第三遍读课文。小标题批注四件事。

4. 交流批注。随文朗读，指导字词句段。

（四）吟诵朗读。

1. 找出故事"瓜地刺猹"。

2. 再看插图，感受人物。

3. 处理语言，试讲故事。

4. 交流故事，感受语言。

（五）梳理问题。

1. 课文学到这里，同学们回忆一下起先读课文的时候是否有一些问题提出来。哪些现在已经解决了？哪些还没有解决？

2. 还没解决的问题，下节课，请我们班的语文老师陪我们一起再去读读课文，自己把这些问题解决了。

语文课要学习语言，以课文为语言材料，抓住标志性的语言形式，开展听说读写的语言实践；语文课要有实效性，抓住对学生有增量的学习目标，以课堂为学习平台，集中精力打一场"歼灭战"，获得知识、能力方面的有效增量；语文课要让学生学，扎扎实实从学生的学出发，以学生为学习主人，自主开展基于学情的学习；语文学习的最大意义是促进学生的学习生命、言语生命、社会生命、精神生命四位一体的综合发展，借助课文，在学生自主的、有效的语言学习过程中水到渠成地实现。

在上述反思基础上形成的我的《少年闰土》第二种教法，就是努力站在教材价值、扎实教学、学生发展的立场，争取摆脱"完美课堂"的陷阱。

第三节　教学主体之批判

就字面理解而言，教学就是教师"教学生学"。从教师角度来讲，教授过程是重要的，但更重要的是教会学生学。从学生角度来讲，知识是重要的，但是比知识更重要的是获得知识的方法。由此看来，教学活动一般由老师发起和主导，而从目的和意义的角度看，其主体是学生，因为教学目标的实现是要通过学生来完成，是指向学生的发展的，是为了学生的学习服务的。由此意义上说，学生是教学活动的主体。

什么是主体？从词语本意讲，主体就是指事物的主要部分，从哲学概念看，主体是指"对客体有认识和实践能力的人，是客体的存在意义的决定者"。放到教学这个概念的背景下，主体一方面是指教学活动的主要部分——学习，一方面是指对知识、能力、方法有认识和实践能力的人，是知识、能力、方法的存在意义的决定者——学生！如同毛泽东在《青年运动的方向》一文中所言："革命的主体是什么呢？就是中国的老百姓。"同样，我们大致可以说："教学的主体就是学生！"

一、关于"我的课堂我做主"

由于长期以来教师在课堂上的话语霸权和强势主导，往往导致了习惯性的"反客为主"。老师成为了课堂的主角，作为主体的学生反倒成了配角。不止上课的老师如此，作为课堂教学的"看客"，听课者也习惯了在学生背后或侧面，面向上课的教师观察教学，鲜见有其他视角。

积习的背后是潜意识在发挥作用。听课者关注的往往是教师的教学执行情况，课堂观察对象不是作为学习载体的课堂本身和学习的主体学生，更不是课堂上的主体行为——学习，而是教师和教师的教学行为。

特别是随着教师专业发展春天的到来，各种教师课堂评优、素养比赛和教学能手、新秀、骨干、名师评比等层出不穷，作为学校管理的随堂课考核更不在话下。大部分评价表惊人的相似，无外乎教学目标的设置、教学内容的选择、教学方法、教学效果、教师素质等几大类，有出入者，表述不同而已。2011 年开始在浙江、湖北两省试点而后逐步全面普及的教师资格"国考"，其教学素质考核的观察点，也不外乎这些要素。

课堂上，当老师成为观察对象，在上课教师的潜意识里，教学行为和意识便具有了表演和展示的意味。如此导向之下，也无怪乎影响了部分青年名师、骨干教师视讲台为舞台，高呼"我的课堂我做主"。

二、到底是谁的课堂

诚然，这些是教师的基本素质，是评价教师的重要依据。然而此并非评价好老师与否核心的、根本的依据。观课者，评课、议课者，面向教师观察课堂；上课者，展示、示范者，关注教师和教师的教学行为，似有缘木求鱼之嫌。

到底是谁的课堂？该谁做主？先师孔子作《论语·学而》，又作《学记》，苏格拉底推崇"产婆术"，古有"学堂"之谓，今有"课堂"之称，未见有"教堂"的说法。为师者应该明白，课堂，是学生学习的地盘；教学，关键事件是学生的学习；师者，所以传道授业解惑也。

教是为了学，此理古今中外之哲人早有共识，为师者也应知。因此，为师者该厘清师生关系，教为学服务，教师为学生的学习服务；课堂观察和评价，更应该关注学生的学习状态、学习内容、学习过程与方法以及学习的效果，而不是教师。

如何让语文课堂成为学堂？著名特级教师费蔚女士借点评笔者《伯牙绝弦》一课，道出了个中堂奥。

如费蔚老师《伯牙绝弦》评课后记。

评《伯牙绝弦》
——回归本质　直抵学习

　　听过不少教师上《伯牙绝弦》，徐俊老师的这堂课让我感受到了一种坚持——回归教学本质，直抵学生学习。

　　毋庸置疑，在当下的课堂中，教学以不同的样态存在着。譬如"任务性"教学，主要目的是为了完成知识传授这一任务。教师一厢情愿地认为，自己"讲了"学生也就"懂了"，讲得很辛苦，但教学效果差强人意。譬如"功利性"教学，在教师淋漓尽致、光芒四射地展示自身魅力的时候，学生的存在被忽视了，他们成为游离于教学关键事件之外的旁观者……那么，真正的教学是怎样的？答案见仁见智，我以为，教学应培养学生独立思考、自主学习的能力，最终实现"教是为了不教"。由此来看徐俊老师执教的《伯牙绝弦》一课，能给人以不少启发。

一、让学生本分地学

　　学习是相对独立而极富个性的思维活动。学生需要花一定的时间，沉下心来，认真思考，反复体味，仔细鉴别，方能习得学习方法，形成自我观点。语文教学要舍得花时间，让学生老老实实地读，本本分分地练，引导他们充分经历学习的过程。

　　从《伯牙绝弦》一课不难看出，学生始终处于一种务实本分的学习状态。课前，教师出示"诗以言志歌以咏怀"句，让学生通过反复朗读、比较，把握语感，潜移默化地掌握古诗文学习的基本要领；课始，引导学生根据已有学习经验，提炼出"把课文读熟""参考工具书、看注释理解意思、根据上下文猜一猜意思"等古诗文学习的具体方法；课中，留有充裕的时间，让学生默读、圈画、思考，用所总结的学习方法自主学习，用讲故事的方式，将自学所得表达出来；课尾，引导学生发现文本内在的逻辑关系，并借助这种关系记忆、背诵。

　　在上述课堂教学中，我们看不到环环相扣、密不透风的设计，也看不到按部就班、亦步亦趋的学生。徐俊老师所呈现的"说感受、说方法、说故事、背古文"的教学板块，让学生有充分的时间和空间用心读书，潜心思考，悉心体悟，尽心表达。整个教学过程的演进是以学生循序渐进、不断深入的学习活动为线索而展开的，学生始终处于教与学的核心位置。

二、让学生灵活地学

"语文课程是一门学习语言文字运用的综合性、实践性课程。"学生在语文学习过程中，不仅需要积累一定的学习经验，掌握一定的学习方法，还需要将学习所得灵活地加以迁移和运用。学习语言文字重在"运用"，贵在"实践"。学生只有在具体的、多样化的语言环境中实践，做到融会贯通，才能真正提高语言文字运用能力。

徐俊老师显然意识到"语言运用"的重要性。在教学"善哉"一词时，引导学生借助课文注释、联系上下文读懂词语的意思。而后，让学生找到"善听、善鼓琴"等词语（组），通过比较，发现"善"在新的语境中的不同意思和用法，提高学生词语辨析的能力。在教学"钟子期必得之"的"得"时，教师先让学生用"得"组词，再与课文中的"得之"做比较，引导学生借助熟悉的语境，理解词语在陌生语境中的意思。这些设计，将学生已有的经验或新近掌握的技能，运用于新的、陌生的语言环境中，进一步提高其语言运用的能力。

在教"绝弦"一词时，教师先让学生根据上下文、借助板画猜一猜词语的意思。当学生明白词义后，教学并没有戛然而止，而是进一步深化为"像这样的用法，咱们的语言当中还有很多。比如说，鞋子又叫靴，把鞋子挂起来——挂靴，是指什么，知道吗？"这个问题，为学生提供了一个既熟悉又陌生的语言环境，激发起他们的好奇心，调动起他们运用语言的积极性，借助已有学习经验，学生进行了有效的学习迁移，回答水到渠成。值得肯定的是，教师依然没有就此打住，而是进一步转换语境"如果说老师以后再也不写作，再也不画画了，叫什么？"这个问题从逆向角度提出，有一定的难度，但通过师生交流，学生经历了从"绝笔"到"封笔"的纠错过程，同样实现了认知转换与能力提升。

"举一隅不以三隅反，则不复也。"徐俊老师执教的《伯牙绝弦》一课，加强语言实践和运用，培养了学生举一反三的能力，提高了学习的灵活性，比较好地实现了从教到学、从学会到会学的转换。

三、让学生智慧地学

学习是一项复杂的脑力劳动，学习的过程不仅是知识积累的过程，更是能力提高的过程。语文教学不能让学生在已有的基础上"原地踏步"，要通过对语言文字的浸润涵泳和实践运用，来提高学生的认知水平、学习能力，要通过激发并形成学生处于成熟而又未完全成熟的心理机能，来创造学习的"最近发展区"，要让学生经历思维困顿、愤悱启发、豁然开朗的过程，来实现自我超越，不断向前发展。徐俊老师在《伯牙绝弦》一课中，关注到了这一点，使得学生的学习富有智慧。

1. 比较着学。教学中，教师多次引导学生采用比较的方式学习。如出示书法作品条幅，与课文进行比较，让学生明白正确的断句才能帮助人们正确理解古文的意思；请两位同学读"诗以言志歌以咏怀"句，比较两人朗读时停顿方式的不同，使学生体会语感在古诗文学习中的重要作用；师生分别朗读全文，比较朗读时词语重音的不同，引导学生体味重点词所蕴含的惺惺相惜、知音情深的丰厚内涵……通过比较，学生经历了丰富的思维活动，实现内化与感悟，学得主动、有效。

2. 递进式学。讲故事是本课教学的主要形式。当然，讲故事不是目的，借此让学生充分经历层层递进的学习过程才是教师的良苦用心。围绕"讲故事"，徐俊老师设置了三级学习阶梯：当学生自学课文后，教师创设第一级阶梯，"那我就检查一下，看是不是真懂了。我们来讲讲这个故事，好不好？"借讲故事帮助学生初步了解古文大意；接着，教师创设第二级阶梯，"意思全对，但是一点味道都没有。讲得稍微吸引人一点"，此时，要求提高，让学生结合已有的学习经验，用自己的方式讲好故事；最后，教师创设第三级阶梯，"讲得都不错，但是老师感觉听起来很吃力，干巴巴的"。"单元学习提示里教给了我们一个很好的办法——发挥联想和想象"，这里教师提出了语言学习的要求，即用"联想和想象"的方式讲好故事，显然要求更高了。从能大致讲故事，到讲得吸引人一些，直至用联想和想象的方式讲好故事，教学要求逐步提高，学生的学习由浅入深，经历了"跳一跳，摘桃子"式的能力挑战。

回归教学本质，直抵学生学习，尽管起点和终点都指向学生，但教师在这一过程中的引导、点拨、激活不可或缺。徐俊老师正是以这样的方式，让学生本分地学，灵活地学，智慧地学，在支持学生学习的过程中彰显了自我语文教学的魅力。

三、学生自主建构

《伯牙绝弦》一课的课前谈话，关注的是学生对一句简单的文言文"诗言志歌以咏怀"的朗读、断句和理解，以及对学生预习情况的关注。笔者在课一开始就努力不让"课堂学习"变异成为"课堂学会"。这应该是符合学习的心理机制的——主动学习优于被动学习。在此基础上，帮助学生梳理出了这堂课的学习方法——"除了读，看注释，看工具书……根据上下文猜一猜意思"，又引领着学生，自主建构一堂课的学习任务——带着我们预习的结果和我们不懂的地方，一起来读这篇文章，我们把它读懂。这是在实践中启发学生学会思考"我该干什么"，并在学习中"学会学习"，而不是离了老师不知何谓学习。

"吾非生而知之者，敏好学以求之本。"好学基于愿学，愿学基于会学。如何才会学？事非亲历而不知。方法不应是"授受"的，而应是"习得"的。这个课堂，笔者努力想让大家看到的是引导学生基于自主建构的学习任务，自主开展学习过程，在学习中明白"我是这样学的"。

四、老师功成身退

"三人行，必有我师焉。"学习需要交流、借鉴、启发。"功成而弗居"，老师在学生的学习成果上不要居功，要让他们自己学会分享。学生在自主分享学习的过程中，心态是积极的、体验是积极的，发展更是积极的。"夫唯弗居，是以不去。"这才是老师最大的功德。

从积极展示预习的朗读成果，到积极尝试朗读课文；从圈圈画画不懂的地方，到积极交流自己读懂的词语句子；从干巴巴地直译课文，到互相帮助、讨论、补充，把课文讲生动。笔者发现，学生始终是积极的、主动的。老师悄然隐在一边，只有必要时的追问、引导、帮助，课堂语言努力消隐老师的自我表现。笔者努力做一名"功成而弗居"的老师。正如贾志敏老师所言，教"真语文"，让学生"真学习"，语文老师要尽量拒绝个人的精彩，把时间和空间更多地留给学生。

五、师生良性互动

"吾日三省吾身。"在多元智能理论视野下，自省智能是影响人的其他智能发展的关键性智能。课堂教学毕竟不是学生个体的自学，而是老师组织引导下全班学生互动式的学习。学生的学习能力要发展，学习质量要提升，作为外因的外在评价很重要，自主评价更重要。对于学习效果，老师要帮助学生自主开展互动式的，关注学习方法、学习过程、学习结果的评价与自我评价。

上述案例中的《伯牙绝弦》一课，老师的追问，是为了唤醒学生内心的自省机制；老师引导学生评价同伴的朗读和发言，是为了引领互动；学生的互相补充、发表异见、自我修正，是在参与积极主动的评价与自我评价。课堂上，笔者鲜有"他回答得好不好"，或者"读得好不好"之类的关注结果的评价，更多的学生被引入了"为什么""你是怎么想的""有不同意见吗"等关注学习方法和过程的思考。

六、目标有效达成

从控制论的角度看，对课堂教学的最终评价，要回归目标。在众多的教学目标中，有一个目标是所有的课堂教学都应该有的，那就是学生的学习能力。课到最后，学生能用自己的话比较有质量地讲这个故事了，都能比较兴致盎然地朗读课文了，都能够较流利地背诵这篇小文章了。尽管认知水平有待于发展，对"知音"文化的理解还是朦胧的，但也都有所感触。以此反观这堂课，笔者感觉自己课前所设定的学生学习的目标基本上都有效地达成了。

而恰恰是这些目标（读通、读顺课文，读出节律韵味；读懂文意，掌握重点词句的含义；通过朗读、想象、说话等学习过程，初步运用学习古文的基本方法；在读诵中感受古文韵味，对古文产生兴趣，并对文本的故事载体——音乐和其承载的知音文化有所触动），其所指向的语言能力、阅读能力、学习能力和情意态度，其发展都是具有可迁移性的，是能可持续发展的。

七、角色根本转变

当执教者将课堂的观察和评价要点都向学生聚焦以后，教师该干什么？教师要实现身份的三大转变。

从演员变为编剧，从台前退到幕后。作为"编剧"，笔者为学生的学习提供"剧本"——《伯牙绝弦》。教材不是学习内容，"教材无非是个例子"。老师的任务就是认真思考编者意图，准确解读教材的教学价值，选择好课堂学习的内容。至于这"剧本"怎么"演绎"——学生怎么学习？我们要相信不同的演员有不同的演绎方式。课堂上，不同的学生有不同的学习经验和体验。老师并不越俎代庖，而是积极引导学生自己学会选择合理的学习方法与过程。

从导演变为监制，从课堂教学的控制者变为教学过程的调控者。笔者并没告诉学生"你应该怎么做"，而是启发学生"你觉得应该怎么做"。当学生学习有困难，或者学习过程出现偏差时，不是告诉学生"你不应该怎么做"，而是启发学生"你觉得应该怎么做更好？"

从制片人变为剧务。剧组拍戏，要对制片人负责，制片人拥有所有权。但是课堂的所有权不是老师的，而是学生的。课上，笔者就像剧务一样，在需要的时候，为学生范读；在需要的时候，为学生张挂书法卷轴；在需要的时候，为学生组织讨论，以保证真实学习过程的展开。至于学生呈现出来的学习过程和结果，是否具有影片和戏剧一样的感官效果，显然不是我这位"剧务"考虑的事，我只关注学生学得怎么样，课堂上怎么为学生的学习服务。

习惯了坐在教室的后面，面朝上课老师和学生后脑勺听课的老师，在大舞台下听课的时候，是无法客观准确地关注到这些的。课堂教学，观课者需要换个角度，上课者，更应换个角度。

第四节　教学内容之批判

教学内容是学与教相互作用过程中有意传递的主要信息，是教学过程中师生发生交互作用、服务于教学目的达成的动态生成的素材及信息。长期以来，人们总是将教材和教学内容等同起来，这种认识是片面的。教材仅仅是形成教学内容的一个"载体"，作为发挥实际作用的教学内容，其特性不同于教材内容。教学的具体内容由事实（教材内容）、概念（知识技能）、原理（过程方法）及它们的内在联系（情感、态度与价值观）构成。

教学内容来自师生对课程内容、教材内容与教学实际的综合加工。师生一方面合理地利用教材开展教学活动，对教材内容进行选择与取舍；另一方面，师生可以科学地加工教材，合理地组织教学过程。它不仅包括教材内容，还包括了引导作用、动机作用、方法论指示、价值判断、规范概念等，包括师生在教学过程中的实际活动的全部。因此，教材内容只不过是教学内容的重要成分。

现实却令人担忧。很多老师在教学实践中以"教材内容"取代了"教学内容"，在教材分析、理解上做得够极致，甚至把"文学批判"领域的语义学范畴上的"文本细读"这个概念直接嫁接到教学中去了。采用"文本细读"的方式解读教材没有错，采用"文本细读"的思维方式教语文，却容易剑走偏锋，把"教语文"变成了"教教材"。

在教学内容的选择和把握上，有三个概念必须清楚辨析：教材分析、文本细读、教学内容解读。

一、"教材分析"之辨

传统的备课,教材分析是第一个环节,是教师解读、分析、认识教材,选择"教学内容",确定"教学重难点"的基础。仔细分析,此种思维下的教学,其实是典型的"教教材"。因为备课中的教材分析,顾名思义就是为了教学而分析教材,反过来讲,也就是把教材分析透了来教。所以,老师所"分析"出来的,都是关于文本本身的,比如文本内容、文本结构、文本语言、文本内涵。而这种分析,实质上是文章学意义上的文本分析,并不是教学论层面的教学内容分析。

这种"解剖式"的教材分析,在新课程改革之前的配套教参、各种备课手册中比较常见,机械的、成人化的文章分析思维,对语文教学造成了致命的伤害。新课程改革以来,新理念、新思维、新方法扑面而来,语文教学充满了新鲜空气。此后,文学批评领域的语义学范畴下的"文本细读"以比较"专业化"的姿态进入语文教学研究和实践的领域,并逐渐取代了原来的教材分析。

二、过度"细读"之辨

"文本细读"源于20世纪西方文论中的一个重要流派——语义学,关注文本内部的组织结构,通过语言细节的解剖,追求文本的语言价值。以"文本细读"为核心策略解读教学内容者认为,他们所提倡的"文本细读"是课程教学语境下的文本细读,即从阅读教学出发,与阅读教学结伴同行的一种阅读行为。

很显然,这种策略,相比"教材分析"是一种进步。"文本细读的出发点站位更高、目光更远,它以一个纯粹的阅读者进入到文本的特定的情境中,用自己的情感和思想去激活、去点燃、去寻求那些让自己怦然心动的细节。"

黄孟珂认为文本细读是仔细领会言语内在精细微妙之处,细细品味文学作品语言的节奏与肌理,质疑隐藏在作品中的缝隙,感悟其中的空白意义,进入言语的灵魂世界。文本细读是一种以自己的心灵为触角去探索另一个或熟悉或陌生的心灵世界。

在"教学内容"解读的过程中引进"文本细读"策略,从教材把握的方面来看,是个进步。因为"文本细读"相比"教材分析",是更加关注表达形式的细读,是不断擦亮语言的过程。通过细读能发现"文学是如何地经过艺术家的匠心而完成,接着如何以微妙的形式表达出来(宗白华)"。

如此深入的细读,确实将文章所有的精彩之处品得淋漓尽致。然而,做教学内容解读时,引用如此的细读策略,恰恰忽视了"阅读活动"与"阅读教学"的区别,忘记了"专业阅读"和"儿童阅读"的不同,也在潜意识里以专业的文本阅读取代了"不仅包括教材内容,还包括了引导作用、动机作用、方法论指示、价值判断、规范概念等,包括师生在教学过程中的实际活动的全部"的阅读教学。

以文本细读姿态介入教学内容解读,是一种专业进步;但倘若固守教材分析的思维,或是专业阅读的思维,哪怕是再专业的文本细读,也难以准确地把握教学内容。

三、"教学内容"之辨

相比"教材分析"和"文本细读","教学内容"的解读是"教师在课程意识的观照下,从学生意识出发,对教材原生价值和教学价值的正确把握,并由此而科学设定教学目标,合理选择教学内容,有效制定教学策略"。

如我关于人教版小学语文六年级《伯牙绝弦》的教学内容解读。

伯牙绝弦

一、教材背景

《伯牙绝弦》是一篇先秦古文,选自《列子·汤问》。进入课程,成为小学语文教材,它必定有语文教学的价值规约:一是语言;二是语言所表达的故事;三是故事所承载的人文内涵。如此,同朱光潜先生提出的"语言是形式、内容和内涵三位一体"意思相同。按照小学语文首先姓"语"的理解,把握住了这三点,这篇课文让学生学起来就有了浓浓的语文味——古文味、人文味和艺术味。

二、教学目标

1. 课文读通、读顺，读出节律韵味；读懂文意，掌握重点词句的含义。

2. 在基于语言的表达属性的基础上，通过朗读、想象、说话等学习过程，初步运用学习古文的基本方法。

3. 在读诵中感受古文韵味，对古文产生兴趣，并对文本的故事载体——音乐和其承载的"知音"文化有所触动。

三、教学策略

教学本文，我期待循循善诱地引领学生增加一些文言文的阅读体验，感受这篇课文特有的语言现象；其次，继续渗透文言文的基本阅读方法，在借助注释、联系上下文的基础上还能用现代语汇去补充；最后，依托语言层层深入地感知"知音"的真正内涵，体会课文表达的情感，学习展开联想和想象进行表达的方法；使学生实现文化意象的传承，受到传统文化的熏陶。

四、教学关键

1. 学生学。2011 版《语文课程标准》给语文下了个定义：语文课程是一门学习语言文字运用的综合性、实践性课程。这句话省略了行为主体——学生。语言文字运用能力和素养，不是教出来的，而是在实践中学出来的。因此，这堂课的教学，从课前导入到课的展开，直到课的结束，整个教学过程老师并不"精彩"，都是学生自己去读，去理解，去表达。老师往后退了一大步，只在学生需要帮助的时候，给予学习方法上的引导和一些必要的讲解。尽管学生学得并不轻松，但真真切切经历了学习的过程，扎扎实实学懂了，学会了，也会学了。

2. 学语言。尽管这是篇文言文，是和现代汉语有距离的语言形式，但是作为语言，它同样具有"诗言志"的特质——是用来表达的。因此，这堂课的教学，从初读到细读、精读、表达，整个教学过程始终紧紧抓住"语言"。在指导学生读懂、读通、读顺的时候，在语言形式和学生的语感之间，就需要架起一座"语言"的桥梁。通过老师的范读，学生在句词中能朦胧感受到文本表达的基本意思；在朦胧感受意思的基础上，能促使学生读好文本的古文节奏韵律；在初步读出了文本的节奏、韵律的基础上，学生就能渐渐通过有板有眼、有情有趣的读，表达清楚文章要表达的意思。

3. 学古文。这篇文章有两大难点，一是"知音"文化，二是古文学习。知音难觅，"知音"更难懂，需阅历，需悟性；在小学生的课堂，可以感知，不强求理解。古文难读，古文更难懂，需学习，需方法；在小学生的课堂，需经历学习，需实践方法。因此，本课教学中，紧紧抓住古文难读难理解的特点，让学生好好读，自己读懂，好好说，学会表达。

从上述案例不难看出，教学内容的解读，是为语文教学服务的，其解读的结果，直接影响语文教学活动的三大要素：课程价值、教学主体、教学效果，其解读活动充分体现了三大意识：课程意识、学生意识、效率意识。

所谓课程意识，解答的是"语文是什么？语文课该是怎么样？"的问题。《语文课程标准》明确指出，语文是"学生学习和运用祖国语言文字的综合性实践性课程"，因此，我们的每一堂语文课，在解读教学内容的时候，就要充分体现"语言学习"，"教语文课程，不是教课本"，"要突出语言因素和语用意识，不能只在课文内容上打转转"等思想，把教学价值指向学生"学习生命、言语生命、社会生命、精神生命"四位一体的整体推进。

所谓学生意识，解答的是"谁的课堂？谁做主？"的问题。在解读教学内容、设定教学目标、选择教学策略的时候，就要牢记"把课堂还给学生"，"不管什么教材文本，关键看学生学得怎么样"。

所谓效率意识，解答的是如何落实教学内容，达成教学目标的问题。在解读教学内容的时候，设定教学目标、选择教学策略的时候，要充分考虑目标与过程的一致性，练习和评价的一致性。教学目标要少而精，教学内容要相对集中，学生学得要相对突出。

四、为何解读"教学内容"

在"教学"的概念体系中，教学内容是重要因素，是先天的必然的存在，为何还要解读？这不仅仅为了厘清教学内容与教材内容的区别。教学内容的解读更是深化课程改革的需要，以学生发展为本，基于学生发展，关注学生发展，为了学生发展而解读客观存在的教学内容。

具体到教学实践，就是要通过教学内容解读，体现语文课要学习语言，以课文为语言材料，开展听说读写的语言实践；要有实效性，以课堂为学习平台，获得知识、能力、习惯、方法的有效增量；要让学生学，以学生为学习主人，自主开展基于学情的学习；要实现语文学习的最大意义——促进学生的学习生命、言语生命、社会生命、精神生命四位一体的综合发展，全都借助一篇篇课文，在学生自主的、有效的语言学习过程中水到渠成地实现。

教学内容的解读是有效教学的前提。因为教学内容解读不仅是对教材文本语言的解读，对教材文本表达艺术的解读，更是对文本阅读实践的解读。教学内容的解读是实现"用教材教，而不是教教材"理念的需要。小学语文教材的课文给学生提供了一个个语言学习和阅读实践的范例，老师解读教学内容，就是为了站在教材文本的基础上跳出"教教材"的陷阱，实现其"用教材教"的教学价值。这样的课文不胜枚举。

如我关于人教版小学语文三年级《找骆驼》的教学设计。

找骆驼

一、教学目标

1. 掌握"骆驼、忿忿、详细、不紧不慢、究竟"等词语和"跛、驮、啃"等生字；会有感情地熟读课文，熟读成诵。

2. 通过朗读和联系上下文等方法，理解课文内容，并通过课文前后两部分老人说的关于骆驼的话之间的语言转换，细心体会观察，感受推理逻辑，学会用"因为……所以……"表达因果关系。

3. 通过扩写最后一段话，把课文语言转化为自己的语言，享受语言思维的成果。

二、教学过程

（一）揭题。

1. 找：先写提手旁——猜：这个字跟什么有关；再写"戈"，读；用什么找？找一样东西，光靠手是不够的。

2. 骆驼：写。读。轻声。形声字，古人造字的时候用了"马"字旁，骆驼是像马一样的大型哺乳动物，比马大，所以古人有句话，瘦死的骆驼比马大。

3. 找骆驼。

（二）初读，整体感知，建构学习任务。

找骆驼，是一则阿拉伯故事，一共 378 个字，讲一个聪明的老人的故事，这则故事也只有聪明的人才读得懂。那聪明的同学们可知道，学这则故事，我们要做哪些事呢？读课文，学习生字词语，知道谁找骆驼，怎么找的？结果怎么样？我们学语文，不仅要读懂，还要学说话，学写话。会说会写，才是有用的语文。

初读课文：下面请同学们放开声音，自己先把课文读通顺，再把生字词语圈出来，看看你能不能记住这些生字词语，明不明白这些生字词语的意思。（请一位学生重复要求——听的训练）

（三）课文学习。

1. 字词教学：忿忿、详细、不紧不慢、究竟、驮、跛、啃。（黑板上写，分两次写）

（1）详细、不紧不慢：知道这些词的意思吗？（有些词语自己懂的）

详细：句子"你怎么会知道得这么详细？"——谁对什么事情知道得很详细？哪里告诉我们很详细呢？读老人和商人的对话。

不紧不慢：读句子。穿插学习生字"驮"（人是背，马是驮），"跛"（形声字），"啃"。

（2）哪些不懂？怎么办呢？（联系上下文）

忿忿：读句子的训练。

究竟：换个词（到底）；句子学习。

2. 朗读教学：这个故事，商人最后找到了骆驼，文章中写的什么内容是最重要的？

（1）对话，自己先读，注意他们说话的语气，再交流指导朗读。

【着　　急】"老人家，您看见一只骆驼了吗？"

【不紧不慢】"你问的那只骆驼，是不是左脚有点跛？"

【着　　急】"是的。"

【不紧不慢】"是不是左边驮着蜜，右边驮着米？"

【着　　急】"不错。"

【不紧不慢】"是不是缺了一颗牙齿？"

【着　　急】"对极了！您看见它往哪儿去了？"

【不紧不慢】"那我可不知道。"

【忿　　忿】"别骗我了，一定是你把我的骆驼藏起来了。要不，你怎么会知道得这样详细？"

（2）老人家见过那只骆驼吗？他为什么知道得那么详细呢？

"刚才我看见路上有骆驼的脚印，右边深，左边浅，就知道骆驼的左脚有点跛。我又看见路的左边有一些蜜，右边有一些米，我想骆驼驮的一定是这两样东西。我还看见骆驼啃过的树叶，上面留下了牙齿印，所以知道它缺了一颗牙齿。"

（3）用自己的话说说。

我知道那只骆驼左脚有点跛，是因为……

我知道那只骆驼左边驮着蜜，右边驮着米，是因为……

我知道那只骆驼缺了一颗牙齿，是因为……

我不知道那只骆驼往哪儿去了，是因为……

3．说话写话。

（1）商人听了，照老人的指点一路找去，果然找到了走失的骆驼。

（2）商人听了，照老人的指点一路找去。他看见路上有骆驼的脚印（右边深，左边浅），又看见（路的左边有一些蜜，右边有一些米），还看见（骆驼啃过的树叶，上面留下了牙齿印），他知道自己的骆驼肯定在这儿走过，因为他的骆驼（左脚有点跛，左边驮着蜜，右边驮着米，还缺了一颗牙齿）。商人果然找到了走失的骆驼。

（四）结课。

老人又没看到这只骆驼，他为什么对这只骆驼知道得这么详细，还指点商人找到了这只骆驼？（用眼睛观察，用脑子思考）

五、如何解读"教学内容"

作为课堂上课程价值实现的主要载体——教材，需要教师在展开教学活动前认真研读。解读教学内容的首要任务便是"通读教材，整体把握"。教师应该从总体上、全局上了解全套教材的性质、内容、编排意图、训练线索及体例，做到对每册教材的教学任务胸中有数，从而居高临下，进退自如。就如苏联教育家 N. R. 列涅尔所说，"没有任何一节课能解决教学的所有任务。每一节课都是课题、教程、教学科目的一部分。因此，极为重要的是经常注意到：一节课在教学科目体系中占有什么样的地位；同课程的教学、思想教育任务相联系，一节课的教学目的是什么。一节课应当是课题、章节、教程的逻辑单元"。其次是要"精读教材，深刻领会"，在通览教材的基础上对一篇课文或一节课的教学内容进行认真细致的钻研。这个环节主要做两件事：一是价值分析，二是内容解读。

关于教材的价值分析，包括两个方面：教材原生价值分析（科学价值、学科价值、编者意图），教材教学价值分析（学科宗旨、年段特点、单元重点、文本要点）。通过教材的价值分析，能够比较科学、系统地解读出相关教材所承载的教学内容以及学习实践过程中所需要的操练载体（练习、作业）。

关于教学内容的解读，也包括两个方面：解读教材内容本身（教材内容的构成、教材内容的安排、教材内容的处理），教师二度解读（学生与教学目标的距离，学生完成教学目标的过程，学生向教学目标的发展）。

解读教学内容的第三项任务便是"了解学生"。美国教育心理学家奥苏贝尔说："如果我不得不把教育心理学还原为一条原理的话，我将会说，影响学习的最重要原因是学生已经知道了什么，我们应当根据学生原有的知识状况去进行教学。"这也正是古人以其所知，喻其不知，使其知之之意，即了解学生，了解教学的起点，从教材回归学习活动的现实，寻求学生的认知起点；从教材价值的解读趋向教学价值的分享，找准学生学习的思维起点；立足文本阅读，追求人文浸润，把握课堂阅读实践的情感起点。

第五节　学段意识之批判

　　语文教学的学段差异是非常显著的，主要表现为学习内容、学习目标、学习方法、学习心理、学习评价等诸多方面。这些差异与学生、教材、考试、教师等诸多因素密切相关。其中教师因素是最为重要的，最值得关注的，因为他还要面对其他一切因素的差异，还要调节和适应各种差异，且其他各种因素都要通过他来发挥作用。

　　语文课程是一个系统，每个学段都是这个系统的有机组成部分，而且各有各的序列、地位，各个学段之间既有纵向的延伸，也有横向的拓展，呈现出一种螺旋上升的态势。从构成语文课程的各个板块来看，各学段内容的差异很大。学段不同，目标也不同。同样的学习主题，不同学段的目标差异甚大；不同的目标内容，当然会有更大的差异。而不同学段学生的学习心理以及方法也各不相同。然而，在现实的语文教学实践中，学段差异却被有意无意地视而不见，出现教学目标、评价标准的学段差异"被模糊"的现象。

　　一次期末质量检测，作文卷上很清楚地注明：三年级300字左右，四年级350字左右，五年级400字左右，六年级500字左右。而为了照顾不同能力的孩子的发挥，试卷上的格子也做了充分的预留：三四年级的作文格子是500字，五六年级是800字。为了避免孩子们凑字数，写流水账，教研室和学校都明确告诉老师，学生试卷上不再另外粘贴作文稿纸，请控制好字数。但还是有老师愤愤不平地说："为什么不让加纸？我们孩子三年级能写五六百字，六年级能写千把字，你凭什么不给加纸？"

　　暂且不论有多少孩子作文能写那么长，由此可见部分语文老师平时是鼓励学生写长文的。文章写长真的好吗？很普遍的一个现象是，平时孩子们写文章为了凑字数，开头洋洋洒洒，写了两三百字还没进入主题。作文本上是没有字数限制的，老师为了鼓励孩子们有话可写，也不会限制字数。可一旦到了有"标准"的评价性质的写作，稿纸就不够用了。此时不让加纸，老师不跟你急才怪！

问题还是出在老师自己身上，平时没有清晰的学段意识，一味要求写长文。姑且不说写文章要"惜墨如金"——这对孩子们的要求太高了，课标上写得很清楚，第三学段才要求写不少于400的文章呢。

很多时候，我们只知道语文要教"字词句段篇"，要培养"听说读写"的能力，但却忘记了，不同学段、不同年级的孩子，其心智发展、学习能力、学习任务、学习目标、评价标准都是不一样的！忽视学段差异的语文教学，就是耽误孩子！

如徐俊工作室团队设计的《基于学段差异：小学各学段"主要内容"训练》。

基于学段差异：小学各学段"主要内容"训练

一、两个案例引发的思考

网络上两个关于概括主要内容的案例引发了我们的思考。这是分别属于第一、第二学段的两个教学内容。

（一）苏教版小学语文二年级下册：《三借芭蕉扇》教学片段。

请运用补充课题的形式，概括课文的主要内容。提示：谁三借芭蕉扇？结果怎样？

课文主要讲了"孙悟空三借芭蕉扇，扇灭了大火"。

> 设计意图：以题为眼，运用补充内容的方法，概括课文的主要内容。注重教给学生方法，培养学生的概括能力。

（二）人教版小学语文三年级下册：《夸父追日》教学片段。

我们概括课文主要内容的时候，要简练，越简练越好。为了把这篇文章的内容概括好，老师这里有个提示，请同学根据提示来说一说：

这个神话故事主要讲了"夸父（　　　），就去追赶（　　　），追到（　　　）时，他倒下变成了（　　　），他的手杖变成了（　　　）"。

设计意图：许多略读课文，在文章前面的连接语中明确提出让学生说说课文的主要内容。而学生的概括能力一般都比较弱，在说课文主要内容时要么过于简单，概括得不完整，要么过于啰唆，相当于复述。精读课文承载着较多的学习任务，教师在概括课文主要内容方面往往没有足够的时间进行训练。在这里，教者加大了概括能力训练的力度，舍得花时间，下功夫，让每个学生都得到了锻炼，概括能力得到了切实有效的提高。

（三）我们的思考。

案例中两位老师在"设计意图"中所言"注重教给学生方法，培养学生的概括能力"和"概括课文的主要内容"，其用意是好的，但具体到所示两个教学内容，却略失偏颇。很显然，他们都忘记了，不同学段、不同年级的学生，其心智发展、学习能力、学习任务、学习目标、评价标准都是不一样的！忽视学段差异的语文教学，是在耽误孩子！

最新《语文课程标准》在实施建议中明确指出：第一学段可侧重对文章内容的初步感受；第二学段可侧重对文章大意的把握；第三学段侧重考查对文章表达顺序和基本表达方法的了解领悟。从文章的整体把握这个角度看，第一学段显然并未要求能"概括文章主要内容"，仅仅是"初步感受"而已；第二学段则是明确提出"对文章大意的把握"。因而，教第一学段课文《三借芭蕉扇》，采用"以题为眼"的方法，似有为时过早之嫌；教第二学段的文章《夸父追日》，以填空的方式提示学生概括主要内容，其表现的则是"老师帮助学生"的方法，而非"概括主要内容"的方法——试想，谁概括主要内容会给自己出一个填空题？若此设计不是为了三、四年级学生概括主要内容而运用，放到一、二年级帮助学生初步感知文章内容，倒更适切。可见，上述两例的问题就在于对不同学段、年级学习要求和方式、方法上的错位。

二、不同学段"主要内容"专项训练片段设计

（一）第一学段"主要内容"训练教学片段——人教版小学语文一年级下册《荷叶圆圆》。

1．教学目标

通过反复朗读熟悉课文内容，借助边读边圈画的方式知道"哪些可爱的小家伙跟荷叶在一起玩"，在感知课文内容的过程中学习圈画关键词了解课文内容的方法，感受课文内容的生动有趣。

2．教学过程

（1）听老师范读。

（2）学生自由读课文，学习字词。

（3）自由轻声朗读课文，思考"哪些可爱的小家伙跟荷叶在一起玩呢？"用"圈圈画画"的方式找出来。

（4）请找到这一处的小朋友读读这一小节课文。

（5）根据学生的学习成果板书：小水珠、小蜻蜓、小青蛙、小鱼儿。

（6）连起来说一说"哪些可爱的小家伙跟荷叶一起玩"。

3．设计意图

> 课标中关于第一学段阅读教学提出了"阅读浅近的童话、寓言、故事，向往美好的情景"的目标，并在实施建议部分指出"第一学段可侧重考查对文章内容的初步感知"。《荷叶圆圆》这类富有童趣的小童话，其美好的情境，正需要在熟读文本的基础上，通过感知文章内容来获得。第一学段，特别是一年级小学生阅读能力的培养和方法的学习尚处于起步阶段，宜以比较简单而直观的实践启蒙为主。通过自主的圈圈画画，再连起来说一说，正是对实施建议中提出的"阅读是运用语言文字获取信息、认识世界、发展思维、获得审美体验的重要途径"在低年级段的初步实践和方法、思维的启蒙，为中高年级进一步通过阅读获取文章要点，概括主要内容打下良好的基础。

4．能力迁移

（1）《要下雨了》：要下雨了，小白兔发现哪些奇怪的现象呀？

①燕子，燕子，你为什么飞得这么低呀？

②小鱼，小鱼，今天怎么有空出来呀？

③它看见路边有一大群蚂蚁，就把要下雨的消息告诉了蚂蚁。

（2）《小壁虎借尾巴》：没有尾巴多难看呀，小壁虎向谁去借尾巴了？

①小鱼姐姐，您把尾巴借给我行吗？

②牛伯伯，您把尾巴借给我行吗？

③燕子阿姨，您把尾巴借给我行吗？

它们为什么不借尾巴给小壁虎呀？

①不行啊，我要用尾巴拨水呢。

②不行啊，我要用尾巴赶蝇子呢。

③不行啊，我要用尾巴掌握方向呢。

（3）《四个太阳》：这是四个怎样的太阳呢？

①我画了个绿绿的太阳，挂在夏天的天空。

②我画了个金黄的太阳，送给秋天。

③我画了个红红的太阳，照亮冬天。

④春天，春天的太阳该画什么颜色呢？噢，画个彩色的。

（4）《棉花姑娘》：棉花姑娘都请了谁帮她治病？

（燕子、啄木鸟、青蛙）

"请你帮我捉害虫吧！"

它们把棉花姑娘的病治好了吗？【安排写字教学】

①燕子说："对不起，我只会捉空中飞的害虫，你还是请别人帮忙吧！"

②啄木鸟说："对不起，我只会捉树干里的害虫，你还是请别人帮忙吧！"

③青蛙说："对不起，我只会捉田里的害虫，你还是请别人帮忙吧！"

5. 迁移训练意图

就学习的心理机能而言，第一学段主要在反复操练中习得较简单的基础性的阅读方法，并实现言语范式的输入，为学生规范的自我言语体系的建构和中高年级掌握相对复杂的阅读方法打下良好的基础。因此，在教材文本的选择上，第一学段选用了不少段落结构重复的文本。在第一学段初步感知文章主要内容的教学实践中，教师应充分注意到文本的特点，让学生在感知文章内容的同时，完成语言学习和阅读实践基础性任务。

（二）第二学段"主要内容"训练教学片段——人教版小学语文三年级上册《盘古开天地》。

1. 教学目标

在朗读、默读中了解故事内容，尝试借助文题和故事线索概括主要内容，感受神话故事的神奇。

2. 教学过程

（1）看题目想一想，这个故事讲了什么？（故事讲了盘古开天辟地）

（2）这么简单一句话，好像有些内容没讲清楚，哪些内容？（盘古为什么开天辟地？他是怎么开天辟地的？结果怎么样？）

（3）默读课文，寻找答案，连起来说一说。

（4）你还知道哪些神话故事？（精卫填海、嫦娥奔月、夸父追日、女娲补天）

（5）如果给你这些故事，让你简单概括一下讲了什么，可以怎么说？（根据故事题目，找出"为什么""经过怎么样""结果怎么样"，连起来说就可以了。）

3. 设计意图

> 在第二学段的阅读教学中，课标明确提出"对文章大意的把握"，这应该是建立在实施建议中"应加强对阅读方法的指导"的基础上的。根据不同的文本类型，把握文章大意有不同的方法。就文本的文体特点而言，小学生接触的中国古代神话故事，大多数以"人物＋事件"的方式命题。这一类文本概括主要内容的方法特点比较鲜明，且在线性结构的叙事类文章中具有较高迁移价值。第二学段处在方法的建构阶段，通过实践逐渐使学生建立起明晰的方法体系，为第三学段的"依靠自己的努力"，凭借"自学的能力""把握主要内容"打下扎实的基础。

4. 能力迁移

《女娲补天》《夸父追日》：可以使用什么方法概括主要内容？

（1）根据故事题目，找出"为什么""经过怎么样""结果怎么样"，连起来说一说。

（2）默读课文，圈画，自主概括主要内容，交流分享。

5．迁移训练意图

三年级上册学习的《盘古开天地》，已经实践了这类文本概括主要内容的方法，在三年级下册再次学习同类文本的时候，主要是通过实践唤醒并激活学生"内存"，并在实际操练中进一步巩固。

（三）第三学段"主要内容"训练教学片段——人教版小学语文六年级下册第一单元。

1．教学目标

（1）借助学习提示和课后题，通过默读、浏览、圈画等阅读形式，学习自主概括文章主要内容，并在不同课文比较的基础上梳理出不同的概括方法。

（2）通过抓要点写主要内容、朗读修改句子等方法，继续锻炼正确表达的书面语言能力和语感，培养写好字的习惯。

2．教学过程

（1）看看每篇课文的课后题或课文前面的连接语，在"概括主要内容方面"给了我们哪些启发和提示？

《匆匆》：课后题1，想一想课文主要写了什么？（先用一句话说说，再找关键词，然后用与关键词相关的句子串起来说说。）

提炼方法。（散文，抓关键词和相关句子。）

《桃花心木》：说说种树人的哪些做法令作者感到奇怪，他为什么要这样做。（哪些做法，分别指出为什么这样做？）

提炼方法。（这几个方面的做法和原因连起来就是主要内容——写事物的文章，抓住几个方面概括。）

《顶碗少年》：想想作者看到了一场怎样的杂技表演？（少年的三次表演连起来就是主要内容。）

提炼方法。（叙事性文章，讲清楚过程和环节。）

《手指》：想一想作者写出了五个手指的什么特点？

提炼方法。（说理文章，抓住要讲的道理，把道理讲明白。）

（2）集体合作，讨论后概括《匆匆》的主要内容。

（3）浏览并试写第三课《桃花心木》的主要内容，交流，修改。

（4）自己完成第四课《顶碗少年》、第五课《手指》的主要内容，相互交流。

3. 设计意图

> 第三学段的语文学习，主要是建立在第一、二学段基础上的自主学习。因此，根据单元提示语"通过几年的学习，你已经具有一定的自学能力。在这个学期的语文学习中，要更多依靠自己的努力"，本片段设计文本背景与第一、二学段也不一样，不是以课文为单位指导学生感知或概括主要内容，而是立足单元整组教学的背景，为学生建构成体系的自主学习平台，在实践中梳理概括主要内容的方法。

4. 能力迁移

家庭作业：阅读短文，完成练习。（文章略）

（1）文中选取了感人肺腑的细节来写"父亲"在"我"成长的道路上烙下的深刻印迹，请用最简洁的语句概括作者主要描写了儿时哪几个生活片段，并给短文加个题目。

_____。

（2）请以简洁的语句概括本文的主要内容：_____。

（3）请你说说文中"我"与"父亲"之间的感情有什么变化。

"我"对"父亲"的感情从_____到_____，再到_____。

"父亲"对"我"的感情从_____到_____，再到_____。

（4）"父亲"是一个性格复杂的人，请从一个方面举例说说他具有怎样的性格特征。

_____。

5. 迁移训练意图

六年级下册是第三、四学段过渡的重要阶段。课标中关于第三学段提出了精读"侧重考查对文章表达顺序和基本表达方法的了解领悟"，略读"重在考查学生能否从阅读材料中捕捉有用信息"，这是建立在对"把握主要内容的基础上"的。而这也为第四学段"理清思路、概括要点、探究内容"等方面的实践与能力形成做了铺垫。

第六节　教学技巧之批判

　　所谓教学技巧是指达到自动化水平的高级教学技能。在教学论的概念体系中，教学技能是指教师运用已有的教学理论知识，通过练习而形成的稳固、复杂的教学行为系统。它既包括在教学理论基础上，按照一定方式进行反复练习或由于模仿而形成的初级教学技能，也包括在教学理论基础上因多次练习而形成的，达到自动化水平的高级教学技能。教学技能是教师必备的教育教学技巧，它对取得良好的教学效果，实现教学的创新，具有积极的作用。

　　从教学论的角度来看，教学技能是教师达成教学目标的重要因素，包括教学设计、课堂教学、作业批改和课后辅导、教学评价、教学研究等五个方面。它对外表现为成功地、创造性地完成既定的教学任务，卓有成效地达到教学目的和获得有效的教学方法；对内表现为保证完成教学任务的知识、技巧、心理特征和个性特征的功能体系，是教师的个性、创造性与教学要求的内在统一。

　　不可否认，教学技能是教师在教学活动中有效促进学生学习的活动方式。从深层剖析，它是教师职业个性品格和专业修养外化的表征，是教学能力的重要标志。每一位专家型教师，经过课堂的历练，在个性化教学思想的支撑下，都会形成自己的教学风格，达到艺术化教学的水平。教学技能也随着教师的专业成熟，不断在实践探索中获得创新，逐渐形成独具个性的教学技巧体系。

　　但是，随着教学研究的开放、多元，特别是公开教学竞赛化、观摩化、商业化趋势的愈演愈烈，一些优秀教师对教学技巧的琢磨和展示甚至超越了教学本身。教学技巧（技术、技巧、策略、手段）越来越多样化，乃至出现了喧宾夺主的现象。更令人担忧的是，被过度渲染了的极具舞台效应的一些名师的招牌式教学技巧，借着公开教学活动的传播，不知不觉进入了广大教师的一线课堂。

一、"异彩纷呈"的教学技巧

随着课程改革进入深水区，各种教育技术广泛地进入教学，课堂形态发生了巨大的变化，教学技巧越来越多，手段越来越丰富，真可谓是"异彩纷呈"。教学形式和手段，是教学内容和目标的外在表现，是形式与内容的关系。处理得好，相得益彰，事半功倍；拿捏不好，容易喧宾夺主。特别是在大型的公开课、教学比赛中，这种度的把握尤其重要。有时候，出于某种功利的考虑，我们一不小心就会掉入自己挖的陷阱——导课怎么导，过渡语怎么设计，甚至一颦一笑，在教学脚本中都写得清清楚楚（我称之为脚本，就像导演拍戏一样，已经不是教案了），甚至还注上"此处学生会很感动，此处有掌声"。

语文出版社社长王旭明在《终于，我听了堂真语文课》一文中说："我听过不少语文课，从小学到初中、高中，直到大学，水平高低先不说，一个共同的特征或者说普遍的毛病是假。假的特征是，大的方面说如教师拙劣或水平不高的自我表演啦，设计无数个坑，引着学生往里跳啦，空洞和贴标签似的升华以及老师不着调的语言等。小的方面说，PPT和各种声光设备，让人眼花缭乱啦，课堂上随意指点学生、老师奔来跑去、呼风唤雨的抽风状啦，以及让学生朗诵腔十足的诵读和老师堆起来的假笑等，这都是假语文课，不是真语文课。"

这种花样百出的"假语文"课随处可见，甚至有些老师，一有人听课，那语言就跟散文诗一样，那声调就跟主持人一样，那身段就跟演舞台剧一样。可以毫不夸张地说，只要有人听课，很多老师都不好好说话了。

如2010年徐俊工作室学员的教研课《荷花》教学导入。

荷花

"小朋友们，今天老师带你们去公园看荷花，你们想不想去？"（播放音乐感染学生）

"我们走进公园就闻到一股清香，（老师闭上眼睛深深闻了一下）加紧步伐走向荷花池。"

"请小朋友们和老师一起乘着音乐的翅膀去看荷花吧。"（出示各种荷花的图片）"你们在看的时候可以指指点点，也可以同桌商量。"

读书就是读书，上课就是上课，怎么是"今天老师带你们去公园看荷花"？说话就好好说，又不是演话剧，为什么还要播放音乐？难道没有音乐，平时就不说话了吗？明明在教室里，却要"闭上眼睛深深闻了一下"，这是在演戏吗？就算这不是课堂，哪怕真的是生活中领着孩子去欣赏荷花，也不会有谁这样跟孩子说话吧？

课后我在反思，难怪现在的学生不会说话，不会写文章，虚情假意，假话、空话、套话恐怕都是我们老师言传身教的结果。

特别是随着教育技术的发展，课堂就像看大片一样。十二年前，笔者为了参加省里的作文教学大赛，绞尽脑汁想"创新"——目标创新、内容创新、教学形式创新，为了配合创新，还特地制作了一段视频，配合四年级下册"生命"那个单元的习作教学。这段教学视频中，运用了几十个广告和电影片段，细节处运用视频处理技术一帧一帧接起来。从付出和效果的性价比看，花了多少个不眠之夜，张罗了那么多的"新玩意儿"，最后惨遭赛课经历中唯一的一次"滑铁卢"，真是惨痛的教训——痛的不仅是自己的失败，更是对学生宝贵的学习时间的浪费。

若多花点时间想想怎么让学生在课文学习的基础上"动笔操练"多好啊，多花点时间给学生交流分享，多好啊！我们的课堂真应该少一点技巧和表演，让言语更真诚一点，教学更真实一点！

二、"目中有人"的教学技巧

教学如何求真？教学技巧如何返璞归真？《语言文字报》《语文建设》杂志在2012年底的全国14省市32校"真语文"教学联谊会后发起的《聚龙宣言》就给语文教学工作者指出了非常明确清晰的方向。

如《聚龙宣言》摘录。

聚龙宣言

我们于2012年11月22日至25日，在美丽的福建泉州聚龙外国语学校举办了全国14省市32校小学语文联合教学研讨观摩活动。全体与会代表观摩了贾志敏老师本真语文的现场教学，进行了认真讨论和深入思考。大家高度赞同并一致推崇贾老师的本真语文教学，我们向全国语文教学界同人提出以下倡议：

——语文教学与人生最接近。语文教学塑造学生的心灵，语文教学最该真实、真诚、真情、真切，让我们本本色色教语文，认认真真教语文，使语文回归本真状态；

——工具性与人文性的统一是语文课程的基本特点。我们认为，语文课程的人文性蕴含在工具性中，要紧扣字、词、句、段、篇教语文，贴近学生的兴趣和生活需要教语文；

——语文课程是实践性课程。语文教学要致力于培养学生的语言文字应用能力，提升学生的综合素养。我们提倡在教与学的如下三个方面体现本真语文教学风格：教师要真讲、学生要真学、评价者要真评；

——把提高学生的语文素养作为语文教学的首要任务。在教学思想、教学方法、教学风格和教学评价等方面加强研究和实践，切实提高语文教学效率，切实提高学生语文素养；

——充分发挥语文教师在教学中的主导作用。语文教学不装、不演、不做作，慎用 PPT，慎用多媒体教学设备，让学生真正成为语文学习的主体，真读、真说、真写、真对话；

——努力拓展语文教学空间。语文教学要在听、说、读、写活动中培养学生自然、健康的表达习惯，自信、创新的心理品质，自由、独立的人格特征；

语文是影响学生一生的重要课程，语文是关乎学生精神成长的重要课程；语文是所有学科教学的基础，语文是每一个人终身学习的重要内容。让我们在本真语文的旗帜下，教真语文，教实语文，教好语文。

语文教学就应该追求"真实、真诚、真情、真切"，真的语文教学应该是"教师要真讲、学生要真学、评价者要真评"，语文老师应该"不装、不演、不做作"。

如何做到这些？语文老师应该把教材烂熟于心，更要把教学目标烂熟于心；语文老师应该明白"教好"不是目的，"学好"才是目的。

返璞归真的语文教学，首先教师的语言是真诚的，要学会在课堂上也正常说话；不是预设好了一套教学语言，无论如何把学生往套子里拉；所有语言都要为学习服务，为帮助学生达成学习目标服务；课堂应拒绝表演式的"精彩"，"妙语连珠"应在学生"愤悱"之时。

课从导入开始就要真诚。师生要基于"共同学习"进入课堂，老师要引领学生思考清楚，这堂课"我们学什么""我们怎么学""我们如何分享预习成果"。

课堂情境的创设不要依赖过于做作的朗诵、展示、煽情。老师不要只顾自己表演，要让学生有明确的参与任务的学习情境。

课堂上的过渡要真实。不是为了起承转合，而是为了帮助学生建构下一个学习环节；不是为了创设情境，而是为了引发学生深入思考；不是为了滥情煽情，而是用真诚、朴实、真实的话语和学生交流分享。

第七节　教学目标之批判

从系统论意义上来看，教学目标是教学活动的出发点和归宿，它支配、调节、控制整个教学过程。任何教学活动都是围绕着教学目标展开的。在教学与评价过程中，教学目标起着关键作用，它指导教与学，向其他人传达教学意图，提供评价学生的指导意见。从方法论意义上来看，教学目标确定课时的主要教学内容和教学实施的主要过程与方法，反映学生在教学中的主要达到层次。

一、目标制订的问题

很多老师上课时是没有目标的——当然不是指"教案"上没有，而是"心中"没有。细看这些"教学目标"，经常让人不知道该怎么操作，更不知道该做到什么程度。没目标，怎么上课？我在招收工作室学员时，都会查阅他们的教案。很多时候，学员们的教案都会呈现出一些类似的问题：

茫然型目标。从教案上的目标文本看，知识与能力，过程与方法，情感、态度与价值观三个维度的目标陈列得十分清晰。但若以此为课堂教学的标靶，或是教学活动的线路图，却令人两眼摸黑，让人无所适从，不知该如何操作，更不知教学该达到什么程度才算达成目标。

如徐俊工作室学员《去年的树》教学目标。

去年的树

1. 知识与能力目标：读通课文，品味重点词句。会入情入境地朗读课文。

2. 过程与方法目标：学会多元交流、多向对话。学会把课文读薄、读厚的方法。

3. 情感、态度与价值观目标：体会小鸟与大树间真挚的友情，使学生感悟到真正的友情是建立在诚信的基础上的。

模糊型目标。这类目标，乍一看，很清楚地罗列出课堂学习中要做的几件事，但具体怎么做？学生将在学习过程中实践、发展什么能力？通过哪些已经习得的方法，凭借怎样的教学过程，完成学习任务，达成学习目标，建构新的学习方法？情感、态度与价值观维度的目标与其他维度的目标如何形成"三位一体"？细思之，皆是大而化之，模糊不清，更无从下手的模糊型目标。

如徐俊工作室学员《飞向蓝天的恐龙》教学目标。

飞向蓝天的恐龙

一、知识与技能

1. 学会生字新词。

2. 理解一只恐龙怎样演化成鸟类的过程，并有条理地说说。

3. 能正确、流利地朗读课文。

二、过程与方法

质疑与"自主、合作、探究"的学习方式。

三、情感、态度与价值观

培养大胆质疑、热爱科学、钻研科学的精神。

臃肿型目标。此类目标"好大喜功"，意欲"毕其功于一役"。殊不知"贪多嚼不烂"，亦忽视了语文学科的系统性。任何一节课的教学，若从教材体系中剥离，单独视之，可以挖掘出非常丰满的教学价值：字词教学、阅读方法、口头表达、写作素养、人文内涵……但一篇文章，哪怕再经典，一旦进入教材体系，它就有了课程所规约了的教学价值；一旦进入课堂，它便要承担起所在学段、年级和单元赋予的教学任务。因此，目标制订切忌臃肿，"与其伤其十指，不如断其一指"。

如徐俊工作室学员《小木偶的故事》教学目标。

小木偶的故事

1. 了解童话故事的特点，感受童话故事给我们带来的乐趣。
2. 激发学生喜欢读童话故事的兴趣，并养成边读边想的阅读习惯。
3. 会抓住童话的特点编写童话。
4. 发挥自己的想象才能，展示自己在童话故事方面的收获。

二、教学目标的承载

中国传统哲学体系认为，形而上者谓之道，形而下者谓之器，中者谓之术。在教学体系中，教学目标是道之所在，是整个教学活动开展的核心；教学设计和执行是术，表现为目标达成的过程与方法；而教学目标指向的学科性任务是器，是教学目标的承载物。

字词句段篇，听说读写书，就是小学语文学科教学目标的承载物，而且，仅仅是承载物，不是全部。因为语文教学是教语文，不只是教知识与技术，更不只是教课文。

字词句段篇，是构成文本的基本语言要素；听说读写书，是支撑学生言语系统的基本能力构件。语文教学，终极目的是为了实现学生学习生命、言语生命、社会生命、精神生命的和谐发展。学习生命构成了语文学科基础维度的生命属性，在语言的习得过程中，在字、词、句、段、篇的学习过程中，在听、说、读、写、书的操练过程中，实现了学生作为个体存在的言语系统的构建，其言语生命逐渐发展。而以朱光潜的"语言是形式、内容、内涵三位一体的"观点观照字词句段篇的教学，语言文字的学习和运用过程，正是母语所承载的民族文化和普世价值濡染学生生命的过程。

作为教学目标的承载物，因教学文本、教学内容、教学年段、教学对象和教学者的差异，字词句段篇和听说读写书在目标体系中承载的知识与能力，过程与方法，情感、态度与价值观的追求及其实现，是有差异的。其差异，便表现在它对教学过程的支配、调节、控制、评价和反思、改进的不同标准。

以具体文本和语言要素为载体的语文教学内容，其教学目标的诉求如何表达？这牵涉到教学目标制订的策略问题。

三、教学目标的制订

如何制订适切的教学目标？首先要考虑的是目标的定位问题。教学目标的制订是从教师出发还是从学生出发？是立足教材内容的学习还是立足能力发展？教学目标是否具有可操作性、可观测性和可检测性？三维目标是分成三个维度，还是三维一体？

答案是毋庸置疑的。教学目标是通过表达预期的能力发展要求，向学生传递教学意图；通过描述所要测量的行为表现，提供评价学生学习的基础。

体现在语言上，目标的表述方式应该是"在……过程中知道……理解……掌握……"；是"在……过程中经历……感知（体会、领悟）……"；是"在……过程中体验……树立……养成……"。这是非常具体地指向能力发展的表述，如同我们不能把"掌握数学思想方法"作为具体的数学教学的目标，我们同样不能把"培养语文素养"等作为一节语文课的教学目标，因为学生学科素养和学习能力的发展是一个渐进的过程，也是一个逐步渗透的过程，学生不可能通过一节课就掌握了。

学生怎么学？达到怎样的学习效果？就每一课教学而言，都应该从学生的知识经验和认知特点出发，以国家课程标准为依据，挖掘教材所承载的教学价值，这是教学目标制订的法理依据。因此，适切的教学目标，不能超越课程标准，也不能低于课标的最低要求，关键是要符合学生的学习实际、知识经验和认知特点。

如人教版小学语文六年级上册第一单元教学目标。

教学目标

（一）第一版块教学目标

1. 朗读课文。借助注释，在熟读的基础上大致读懂古文意思，并初步尝试背诵。大声朗读课文《匆匆》《桃花心木》《顶碗少年》《手指》等，在读中了解课文内容，大致感受字里行间的情绪，发现可供欣赏、借鉴、积累的语句，为下一板块学习做好准备。

2. 自学生字、词语，在彼此之间合作交流互动中，选择积累一些词语，抄写一遍生字，并记、写、默部分难点字词。

（二）第二版块教学目标

1. 借助学习提示和课后题，通过默读、浏览、圈画等阅读形式，学习自主概括文章主要内容，并在不同课文比较的基础上，梳理出不同的概括方法。

2. 通过抓要点写主要内容和朗读修改句子等方法，继续锻炼书面语言能力和语感，培养写好字的习惯。

第八节　教学改革之批判

语文教学改革是语文教学工作者对语文教学根本问题的实践，是关于"语文是什么，语文应该干什么"的不断探究。语文不息，改革不止，探究不断。

一、科学地认识语文学科

1905 年中国废除旧科举，兴办新学堂。当时新式学堂的大部分课程以至教材，都是从西方引进的，只有语文一科，教授的仍是古文，当时称为"国文"课。五四运动爆发以后，提倡白话文，反对文言文，国文课受到了冲击，小学于是改设"国语"，教材具有鲜明的口语特点，选用的都是白话短文或儿歌、故事等。中学仍设国文课，白话文的比重也明显增加，选用了鲁迅、叶圣陶、冰心等新文学作家的作品。在 20 世纪 30 年代后期，叶圣陶、夏丏尊二人提出了"语文"的概念，并尝试编写新的语文教材，可惜因日本侵略中国而被迫终止。新中国成立后，叶圣陶先生再次提出将"国语"和"国文"合二为一，改称"语文"。这一建议被华北政府教育机关采纳，随后推向全国，从此，"语文"成了中小学的一门主课。

然而，关于语文的性质问题在语文教学界争论了几十年，由于语文教学工作者看待这个问题的视角以及表述的不同，导致人们对语文的理解及语文教学实践各不相同，如"语言＋文化""语言＋文字""语言＋文学""语言＋文艺""口头语言＋书面语言"等；在语文教学改革的过程中，亦出现"文道结合""思想性和人文性相结合""人文性和工具性相统一"的不同说法。特别是新课程改革以来，语文流派纷呈，理论繁杂，风格多样，如"情境语文""智慧语文""和谐语文""诗意语文"

"美丽语文""情智语文"等。尽管各家之言皆有其理，但因为审视问题的视角不一，所言重点不同，往往在阐述各自观点时难免挂一漏万。凡此种种，让一线教师莫衷一是。

语文有自己的内涵和外延，其概念和属性是客观存在的。作为普通的语文老师，尽管我们的认识和理解水平有限，但是我们很有必要用客观的眼光、批判的思维来审视这与我们的生命息息相关的语文。

"语文"是科学，要定义，是不能由某个名人或权威规定的，必须遵循逻辑学中定义的规则，做出的定义还必须有巩固人们认识成果、有助于人们掌握知识的作用。下不出定义而强行加以规定或者以"同仁之意"去猜度，那么概念或许就是错误的。必须采用"属加种差定义法"来求取。

相对于众多对语文简单化冠以"×＋×"或"具有×性和×性"的认识和界定，个人认为《中学语文教学》杂志刊录的一个定义相对科学：语文是新中国人文教育科学中以典范的古今书面语言作品为教学媒介、以启迪并发展学生智力为根本目的、以同化现代化的书面语言交际规范和同化现代化的中华民族共同人文心理为任务的基础学科。

由此可以界定：语文，学科名。总类：科学；分类：人文科学；子类：人文教育科学；属：中国人文教育科学中一个基础学科。种差三个：以典范的古今书面语言作品为教学媒介；以启迪并发展学生智力为根本目的；以同化现代化的书面语言交际规范和同化现代化的中华民族共同人文心理为任务。足够与同属的别种学科如政治、历史相区分，也全面而真实地反映了本学科的本质属性。

从这个定义出发，我们基本可以认定，语文是人文教育的一门重要学科，是人们相互交流思想的汉文及汉语工具。它既是语言文字规范（实用工具），又是文化艺术，同时也是我们用来积累和开拓精神财富的一门学问。以哲学的视角审视语文：它是进行表述、记录、传递口头或书面信息的文字言词的物质存在形式；语文是描述事实、引证思维、陈述思想、表达意志、抒发情怀及改造事物和思想的信息定位的一种意识存在内容（这些内容其信息原意因语言文字固有的释义等特性可能受到限制而改变或得到发挥变化）。

反观现今各种对语文的不同认识，根源何在？盖有如下二者：

一是语文教学工作者看待这个问题的视角有所不同，导致对语文根本属性把握的偏差。人们习惯于通过寻找语文课程和数学、物理、化学等科学课程的种差来揭示语文课程的性质；或者以不同风格的语文教学替代语文本身，从语文的表象来定义语文。

比如，在采取比较的方法来认识语文时，人们常把语文和自然科学的学科进行比较。这种把两个非同位概念放在一起比较来揭示语文课程的性质难免失之偏颇。相比之下，如果把母语教育课程和外语教育课程这两个同属于人文教育课程属概念下的两个种概念进行比较，则更容易揭示语文课程关乎语言、智力和精神的生命化属性。

与母语教育相比，外语教育更多带有技能教育的倾向，而母语教育则是在技能教育的基础上，更具价值教育意义的科目。如果母语教育也单纯偏向技能教育，那就在本质上和外语教育混同起来；单纯偏向价值教育，则容易被社会、历史等学科边缘化。一位日本教育家是这样认识母语教育的：我们在思考国语科的使命、意义和目标时，如果不把握住"语言和人""语言和社会""语言和文化""语文和精神"等相互间的深刻关联，视野就是狭窄的。苏联教育家凯洛夫在谈到俄语和文学课的教育时说，"学校对学生讲授语言时，应当以两个基本任务为目的：教会学生了解一切言辞的丰富表现，并教会他们与人交往时来利用这种言辞。精通语言是顺利学习其他一切学科的必要条件"，"所以，祖国的语言、祖国的文字是把握人民文化宝藏和培养人民热爱祖国的有利工具"。谈到文学课时，他认为，"文学……具有改造社会的重大意义"，"文艺能给学生以最深刻的、美的欣赏，培养学生的艺术兴趣和创作的能力"。在以上的引述中，我们应该注意到如下几个关键词：母语、人、社会、文化、精神、祖国、美。其实，这几个词足以让我们感受到语文课奥妙无穷的性质。

二是语文教学工作者对语文本质属性的表述有着不尽如人意的地方。大家一直试图用简洁的表达方法，用一两个词语来揭示语文的本质属性。比较常见的是人们通常使用"语文课程的性质是××性"或"语文课程具有××性"的判断句式来揭示语文课程的本质属性。这种做法也在很大程度上导致了人们对语文本质属性认识上的浅表化，出现了表述上与实际内涵的距离和错位。

比如，人们一说语文课程的性质是工具性或语文课程具有工具性，有人就会用这样的逻辑来反驳："难道汽车不是工具？数学不是工具？哲学不是工具？所以说工具性不能作为语文课程的性质。"又比如，人们一说人文性，有人就会反驳："难道哲学没有人文性？历史没有人文性？民俗、建筑没有人文性？所以说人文性不能作为语文课程的性质。"再比如，人们一说工具性和人文性的统一，有人就会反驳："工具性太浅薄，人文性太浮泛，所以随便哪一门具有实用价值的人文类课程都可这样表述。"这种句式的表达即使核心是正确的，也容易引起误会。而造成这种误会的原因正是"语文课程的性质是××性"这种句式，它表面上看是直指语文课程的性质，而所指出的却离语文课程的性质相距甚远。如果换一种表述方式来阐释语文的根本性质，或许更合适。

任何事物的性质都是指这种事物所具有的特质，即本质属性。揭示事物的本质属性也就是揭示事物概念的内涵，而揭示事物概念的内涵的最好办法就是给这个事物的概念下定义，如"人是能够制造和使用工具、会说话、会思维的动物，是一切社会关系的总和"。课程也不例外，如"哲学是关于自然、社会和思维知识的概括和总结，是关于世界观的学问"，"物理是研究物质运动最普遍的各种形态的一般规律、各种运动形态之间的相互转化和物质的结构的学科"。试想，如果我们把它们表述为"人的性质是社会性""哲学的性质是辩证性""物理的性质是科学性"，那将是多么滑稽的事情。谁能借助这样的表述在脑子里建立关于人、哲学、物理的概念？这样的表述给人带来的误解与"语文是工具"或"语文的性质是人文性"等给人带来的误解同样让人无所适从。

有了科学的思维方式，在科学性定义的基础上，语文课程的本质属性如何定位呢？本文即尝试通过文献研究、调查分析、实践和思考，构建语文教学生命属性的概念，更加准确地把握住语文的根本属性，让语文教学的路走起来更顺畅。

二、理性地认识课程理念

《语文课程标准》通过"性质与地位"的界定，课程理念的阐述，对语文课程做出了学科性的表述。课标在"课程性质与地位"部分指出"语文是最重要的交际工具，是人类文化的重要组成部分。工具性与人文性的统一，是语文课程的基本特点。语文课程应致力于学生语文素养的形成与发展"。在"课程的理念"部分提出四大理念：（一）全面提高学生的语文素养；（二）正确把握语文教学的特点；（三）积极倡导自主、合作、探究的学习方式；（四）努力建设开放而有活力的语文课程。

以上表述集中阐述了两个观点：语文的特点是人文性和工具性的统一；学语文的目的是提高学生的语文素养。人文性和工具性的内涵是什么？如何统一？如何提高学生的语文素养？且看《语文课程标准》关于"全面提高学生的语文素养"的表述："九年义务教育阶段的语文课程，必须面向全体学生，使学生获得基本的语文素养。"

由此表述可知，语文素养就是适应实际需要的识字写字能力、阅读能力、写作能力、口语交际能力。语文的人文性和工具性在学生身上的统一，"正确理解和运用祖国的语言文字，丰富语言的积累，培养语感，发展思维，具有适应实际需要的识字写字能力、阅读能力、写作能力、口语交际能力"是语文教学的工具性目标，"热爱祖国语文，提高品德修养和审美情趣，逐步形成良好的个性和健全的人格，促进德、智、体、美的和谐发展"则是语文教学的人文性目标。理解和运用祖国语言文字，是一个人的立身之本，良好的个性和健全的人格以及品德修养、审美情趣，则是一个人精神生命的核心。语文教学是关乎生命成长，为生命奠基的课程。

由此出发，本文尝试着将关于语文的种种言论、观点进行梳理、归纳、提炼，尝试着下一个结论，给一个定义："语文是一门培养学生热爱祖国语言的思想感情，指导学生正确地理解和运用祖国语言、丰富语言的积累、培养语感、发展思维，使他们具有适应实际需要的识字写字能力、阅读能力、写作能力、口语交际能力，提高学生品德修养和审美情趣的人文教育课程。"这个概念下的语文，是关乎人的生命成长的，在认识上解决了"语文是什么，语文干什么"的问题。

三、客观地看待语文现实

语文课程的特点和语文教学的目的非常鲜明，但是由于认识的不同和实践的偏差，或者语文教学工作者的个性差异，关于语文的理论和语文教学实践也异彩纷呈，风格、流派层出不穷。

情感派：以于漪、欧阳代娜、程翔为代表，主张讲课要声情并茂，兼之以导，熏陶感染塑心灵，小学语文的代表人物为江苏省特级教师李吉林先生。导读派：以钱梦龙、蔡澄清、黎见明为代表，主张语文教学要以学生为主体、教师为主导、训练为主线，教学过程就是教师指导、点拨下的学生训练的过程，小学语文的代表人物为天津市特级教师靳家彦先生。思维派：以宁鸿彬为代表，主张运用创造教育理论指导学生进行听说读写能力训练，小学语文代表人物为"球形阅读教学理论"创始人山东省特级教师张伟先生。管理派：以魏书生、张富为代表，主要将管理学、控制论运用于语文教学，注重培养学生的自学能力和自我教育能力。语感派：以洪镇涛为代表，强调"感受、领悟、积累、运用"为学习语文的唯一途径。目标教学派：以武镇北为代表，主张在语文教学中以"师生双向达标"为核心。快速写作派：以杨初春为代表，主张以"45分钟写800字的文章"为目标，培养学生的快速写作能力。快速阅读派：以程汉杰、晏茂心、潘意敏、王学贤等为代表，以培养学生的快速高效阅读能力为突破点。大语文教学派：以张孝纯、姚竹青为代表，提出"教大语文，育小能人"，以培养"六种能力"的小能人为突破点。

　　这是种种相对成功的范式，但也因为风格流派过于鲜明，却又经常让一线教师舍本逐末，得其皮毛而遗其精髓。更有一些课堂上，常见语文或虚无缥缈，丢失了母语的根基；试卷上，又见语文非此即彼，毫无兴味可言。还有的语文教学没有了人的生命存在的诗意，没有了母语的根基，只把博大精深的语文教学简化成非此即彼的科学工具论，抑或刻板空洞的朗读思考……就客观现实而言，不管是母语实践和素养的缺失，还是诗意和精神的僵化；不管是工具性的刻板化，还是人文性的虚幻化，都是语文教学的悲哀，是无视生命，是对人生的摧残。

四、让语文成为生命的图腾

　　所谓图腾，是原始时代的人们把某种动物、植物或非生物等当作自己的亲属、祖先或保护神。相信它们有一种超自然力，会保护自己，并且还可以获得他们的力量和技能。在原始人的眼里，图腾实际是一个被人格化的崇拜对象。

　　生命的图腾并不是指超自然力，乃是借以提高人们文化修养，培养高尚情操，形成良好的个性和健全的人格，塑造高尚的灵魂，使人们变得睿智，积淀文化，陶冶性情的民族精神和人类遗产。

语文是一门培养学生热爱祖国语言的思想感情，指导学生正确地理解和运用祖国语言、丰富语言的积累、培养语感、发展思维，使他们具有适应实际需要的识字写字能力、阅读能力、写作能力、口语交际能力，提高学生品德修养和审美情趣的人文教育课程。

生命灵性烛照下的语文教学，就是要让语文成为生命的图腾。因为语文是人精神生命的动力和支柱。当语文成为生命的图腾时，我们并不是期待它有一种超自然力，乃是要从语文里继承民族精神和人类遗产，提高文化修养，培养高尚情操，形成良好的个性和健全的人格，塑造高尚的灵魂；在语文里变得睿智，积淀文化，冶炼精神。让语文成为生命的图腾就是为了让每一个学生在宝贵的教育生活中能感受语文的魅力，能在丰富绚丽的语文世界中，获得人与世界的亲近，获得个体精神的丰富，并最终获得一种优化了的高品质的生命形式。这种时候，语文就不再是一门学科那么简单，语文就成了生命的图腾！

五、生命灵性烛照下的语文教学

语文教学生命属性的定位与描述是本文写作的起点。本文将通过语文教学外在的"形美"、内在的"神美"，思索语文的表现形态——语文的形：语文是"放浪形骸，啸傲山林"的性情中人；语文的本质属性——语文的根：语文"玄之又玄，众妙之门"的本质属性；语文的精神内涵——语文的神：语文是刻骨铭心，烛照心灵的生命图腾。

语文教学生命属性的表现形态、课堂建构与相关教学策略。通过行动研究，厘清语文教学作为母语教育、人文教育、审美教育、生命教育等不同形态的认知体系、课堂建构和教学策略体系。这是本文写作的核心内容。

生命灵性烛照下的语文教学审美表现的认知体系。语文教学是基于语言学习进行的人文教育、生命教育、审美教育。而人文、生命、审美三者，"人文"是语文的精神支柱，是语文的精气神；"生命"是语文的终极追求，是语文教学的归宿；"审美"则是语文教学的生动的表现。那么语文的人文内涵和生命性具有怎样的审美本质呢？本文将从语文教学的审美形态、语文教学的审美范畴、语文教学的审美形式、语文教学的审美活动等角度建立语文生命性教育的审美认知体系。

语文教师"语文生命性"素养的形成。新课标关照下的语文课程对语文教师的语文生命性修养提出了前所未有的要求。教师所从事的是一种关乎生命的工程，心灵的工程，在语文教学中，语文教师自身的语文修养是至关重要的。从本质上说，语文教师也应该是一个生命充沛的艺术家。本文写作将关注在语文教学实践中，在"学生、文本、教师的对话中"，在师生之间、师生与作者之间心灵碰撞、火花飞溅的共鸣沟通之中，不断锻造语文老师的人生体验和审美的魅力。

语文教学核心要素之反思

第一节　教学本质之反思

平实就是没有套话和口号；真诚就是没有术语和辞令。诚如王旭明先生对某部委新任女发言人隔空喊话一样：先做人，再做美女，最后才是美女发言人。

然而，课改十多年，在课堂上会用最平常的方式说话的老师却是稀罕的另类，会用最平常的思维设计教学的老师也是稀罕的另类，会用最平常的方法教学的老师更是另类。

为什么？因为我们经常不识课之本质。如同多数发言人，不知自己首先是个和芸芸大众一样的人，不会像平常人一样说话。看多了拿腔拿调、满嘴辞令、以背当说的发言套路，他们迷失并习惯于这种现象，忘了自己"平常人"的本质。于是，不会做平常人，便不会说平常话，更不会代表主流价值观说平常人愿意听、能听得明白的话。

不识课之本质之人，亦是如此，因为我们早已习惯了教育教学的各种模式化的怪现象。若要教好书，我们应当先练就火眼金睛，学会透过现象看本质，然后反其道而行之，反弹琵琶。

一、"忽悠"与"不忽悠"

这是镜子的两面。换个角度，透视效果不一样。

一种是"忽悠"学生语文教学，这种人为数不少。"忽悠"学生的老师，课堂上一招一式、一举一动极其正式。衣着光鲜整洁，课件华美极致，语言如同话剧台词，教学环节如同电影情节。总之，不少老师一登讲台，为了这庄严的四十分钟，言行举止极其认真，似乎是想用自己的"一丝不苟"告诉我们，他上课绝"不忽悠"。实则，因为有意无意地端着、装着，不知不觉地就变得不会像平常人一样说话，不让学生像平常人一样阅读，这其实是"大忽悠"。

一种是"不忽悠"学生的语文教学，这却为数不多。"不忽悠"学生的老师，课堂上把学生"忽悠"得一愣一愣的，"忽悠"得跃跃欲试不吐不快，"忽悠"得欲罢不能，"忽悠"得再"差"的学生也舍不得下课。其"忽悠"本领之高明，绝不输给冯巩大叔。但他们的语文教学真的一点儿都"不忽悠"，是在开心、愉悦、自然、和谐的氛围中，让学生的语文素养得到实实在在的发展。

在一波波的课改浪潮中，或许很多老师能把课标背得滚瓜烂熟，或许有的老师一谈起语文就能从课标和各种教育教学著作中"引经据典"，而真正深谙语文教学本质的名师，如贾志敏老师、于永正老师、张化万老师……我们虽很少见他们"掉书袋"，很少见他们言必称课标如何云云，但他们却在用一辈子的语文实践有力佐证课标理念，一以贯之地坚持引领孩子像平常人一样经历阅读、写作、学习、应用、操练、实践的过程。他们敬畏语文，敬畏课堂，敬畏学生真实的学习与发展，他们绝不"忽悠"学生。他们的精神、理念如高山令我们仰止，实践和经验是景行，我们努力行之。

二、"得"与"不得"

"得"与"不得"背后是"舍"与"不舍"的思辨。有舍才有得，唯其不得乃得。

日前观课，台前挂有大幅标语"一课一得"。于是乎，为了"得"，一位青年教师全然不顾《盘古开天地》的神奇意趣，狠抓"轻而清的东西，慢慢上升，变成了天；重而浊的东西，缓缓下降，变成了地"，在几对反义词的实践中反复纠结，在朗读上极尽夸张，在表演上费尽心思……似乎是为了在所谓语言点上有一"得"，实为不得要领！

另一名师和学生共读《维也纳生活圆舞曲》，虽似全然不顾"重点要点"，把课上的就如同冯骥才笔下的维也纳——"舍"其音乐而专注其"生活"，带着学生在形形色色的鸟鸣声中，读出了变化多端，读出了"宛如、似乎、好像……"的生动变化；在曲曲折折的道路两旁，读出了移步换景，读出了节奏变换，读出了情绪起伏；在简陋的小酒馆，读出了怀抱小提琴老汉的"丑、穷、嗜酒、邋遢"，却恰恰是舍弃了"老师们"都为之纠结的"圆舞曲"和"通感"，让学生在尽情投入感受维也纳生活的阅读过程中，感受到了圆舞曲的魅力，也感受到了冯骥才语言的魅力，实为"不得"之"得"。

三、"选"与"不选"

这也是一对辩证的命题。所谓的"选"，是指有些老师在选择教学内容时，教材分析、文本细读、教材解读无所不用其极，字词句段篇，甚至标点符号，条分缕析，然后"择其要者"而教。一旦"选"定教学内容，则长文短教、突出重点、突破难点、变序教学、群文阅读……使尽浑身解数。实际上，这种做法却如解剖黛玉，如牙慧喂人，如填鸭摁牛……细细思量，谁会如此阅读文章，谁愿意如此阅读文章，谁在这样的阅读中真正有收获？也难怪有的学生会厌恶、反感语文，也难怪十几年的语文课，越学越让人深恶痛绝。

所谓的"不选"，那是老师珍视每个学生的阅读权利。不给硬任务，不给硬指方向，让学生自己去咀嚼，去感受，去品味，学生在课堂上如书房，如阅览室，甚至如入无人之境。他们可以在老师的帮助下，根据自己的学习经验和小伙伴一起构建学习任务，和小伙伴一起选择学习方法，安排学习过程，自主、自觉、自然地展开属于自己的学习。因为老师"不选"，不干预，不折腾，从自己的学习需求和兴趣出发，学生读了、写了、说了、思了，必然有自己的感触，有自己的想法，有自己的不解之惑。是语言学习，就要探讨，要分享，必会调动听说读写一应机能，必能让学生拥有最真实的收获。不必担心这是放羊，因为学生学习时凭借的课文是在课程价值规约了的教材体系内的，在这个体系内，学生的阅读和表达活动、学习方法是有前置的导向的。加上老师的顺势而导，顺学而教，不必费尽心机，课程目标自然水到渠成。这是"不选"之"选"。

第二节　教学道德之反思

我曾带过一位非常优秀的学员，在跟随我研习语文教学的第六年，她从教第九年的时候，即被评为地级市教坛新秀。

这位年轻老师非常好学，经常请我推荐阅读的书籍，一有空便坐在我的教室后面听我上课，尤其会争取教研、展示、赛课的任务。每当承担公开教学任务，便对我"死缠烂打"，其钻研的精神令人敬佩。

然而，她有一个致命的缺点——课堂教学非常功利，每堂课一定要很突出地做出一个亮点。因此，每每问我，师父，某某教学点应该如何"设计"？某某"重点"该如何突破？某某环节应该用哪家名师的策略？

面对如此"刻苦钻研"的其人其课，我常以"裸奔"暗诫之，有时实在担心她剑走偏锋、走火入魔，也会以"你多想想为什么而教""学生到底需要什么"等问题当头棒喝之。

可是，那时的她毕竟年轻气盛，斗志昂扬，每逢我以"究竟"之问启发她，她便愤愤然对我说："师父，不要跟我讲这些大道理好不好，这些道理我都知道，我现在就是需要一些技巧性的东西。"还振振有词地说："上课不就是以巧妙设计取胜吗？想得那么复杂有什么用啊！"

果真如此吗？

某日，她又要参加教学竞赛。我便问她："你参加教学比赛是为了什么？"

她很坦白并坦然地告诉我："当然是为了获奖啊。"

我告诉她："你又错了！像你这么年轻便已经获得市教坛新秀的称号，教学水平在同龄人中也是出类拔萃，应该更多地去思考语文到底是什么。一个真正优秀的老师，应该视荣誉、名利为身外之物，用心追求教育的根本。"

她却回答我："这个道理我当然懂，可是我的境界不够，不敢奢求那么高大上的情怀，我现在只想多一些荣誉称号。"

　　就是那次竞赛，因为太患得患失，加上教研部门、学校、团队的多重"关心"，经历了一个多月的"磨课"，她终于在比赛前夜被各种互相打架的教学设计"打败"了，竟然导致全面崩溃，甚至昏厥过去。

　　后来她告诉我："师父，醒来后，我首先想到的是这些年您对我的教诲。如果我早听您的，多思考'为什么教'的问题，我就有自己的教学主张了，也就不会因为这么多'指导意见'而崩溃了。"

　　面对此时的这位徒弟，我很心疼，但更欣慰。是的，她终于顿悟了。草芥之名，得之何益。她虽是同龄人中的翘楚，但离"盛名"依然遥远，更何况盛名之下其实难副。如果在此种情况下，继续"成功"，只怕其名越盛，歧途越深，离道越远。

　　但凡在教学艺术上"得道"的名师，往往不计虚名，课内课外，心里眼里，装的全都是学生。其课非"非课"也，是"是课"的境界，在仰俯课堂之间，总能得心应手。这就是"德教双馨"。如果每位老师都有着这种追求和情怀，就不会被他人的褒贬左右，一切利、衰、毁、誉、称、讥、苦、乐皆不为所动，泰然处之，全心全意为学生的成长服务。退一步再想，人生苦短，更何苦受累于名利。

　　她半晌不语，沉思片刻，似有所悟："师父，我明白了，上课，真的要放弃功利。老师在课堂上要往后退一步，不要刻意彰显自己；把课堂的主动权还给学生，而不是让学生'配合'老师。"

　　这个道理显而易见。我们时常将此挂于口舌之间，但未必真正理解，这句话就变成了"口头禅"。我们不求每个人都能一下子顿悟，这需要在实践中细细领会。

第三节 教学特点之反思

　　面对纷繁复杂的语文教学风格和流派，我们很有必要经常扪心自问：究竟应该还语文以何面目？贾志敏老师一堂《卖鱼的人》看似随心所欲，实则匠心独运的语文课，告诉我们一个朴素的道理：语文课就是语文课，不应该给它贴上任何标签；工具性就是人文性，抓住了"字词句篇、听说读写"这八个字，语文就成功了。

　　关于"工具性和人文性"的话题，贾老师给我们讲了两个小故事。一个是关于姚明的。奥运会结束后，有记者问姚明："姚明，你准备什么时候回美国啊？"姚明正色道："我纠正一下，不是回美国，是去美国！"姚明的这一纠正，一个"回"，一个"去"，是工具性的问题，但谁能说不是更加关乎人文性的呢？

　　另一个是关于夏衍的。夏老九十三岁的时候，病重住院。一日，病情突然恶化，医护人员说："夏老，您别急，我去叫医生。"原本已经奄奄一息的夏老突然坐起来，把手举得高高的，大声叫道："不是叫，是请！"言毕，倒身死去。与文字打了一辈子交道的老先生活了九十三岁，最后一句话是"不是叫，是请"，当然是工具性的事，但不是更加具有人文性的意味吗？

　　拿这两个故事说明问题，可能有人会说太具典型性，不足以说明一般性的问题。那么贾老师的《卖鱼的人》这堂课，则对语文课性质的把握具有普遍意义。我们不妨从三个方面来观看这堂课。

一、哲学层面

其一是哲学层面，这是宏观层面的。语文的本质是什么？或曰语文的根本属性是什么？作为语文老师，如若不思考这个问题，那就无法与语文老师这个称谓相适配。

如同一个司机，如果不知道这趟车将开往何方，就无法完成司机的使命。司机开车的过程，具有工具性意味，而司机开车要去的地方，则具有人文意味。没有了人文目的——要去往何方，也就失去了工具性——开车过程存在的意义。

如果老师把握住了母语教育这一根本属性，那么，练语习文——工具性的过程就同时承载着言语生命和精神生命共同成长的使命，就同时拥有了人文性的意味。

贾老师这堂《卖鱼的人》，从解题开始，到初读感悟，到披文入情，再从文本里走出来回归课题，沉淀出"诚信"二字，前前后后在课文里走了好几个来回，于听、说、读、写的过程中，发展了学生的语言和思维能力，更实现了精神生命的成长。这就是搭乘工具性的车子，开往人文性的目的地的过程。

二、课程层面

其二是课程层面，这是中观层面的。语文课程的性质怎么定位？关于语文的课程性质，《语文课程标准》里有很明确的表述："语文的根本性质是工具性和人文性的统一。"这句话，道理是对的，但这种描述在逻辑上是悖论。就如我们不能说"人的根本属性是社会性"一样，因为这样的表述让人无法建构起关于人的具体概念。语文课程的根本属性也是如此。因为很多课程，如历史学、文化学、心理学、哲学、美学等学科同样具有人文性；很多课程，如数学、物理、化学、医学等学科同样具有工具性；而民俗建筑学等学科，就属性而言，也是人文性和工具性的统一。因此，我们解读语文，就必须在自己的认知结构里构建起一个关于语文课程的概念性认知。

《语文课程标准》第一部分第二条基本理念中，第一条理念"全面提高学生的语文素养"一款的表述"九年义务教育阶段的语文课程，必须面向全体学生，使学生获得基本的语文素养。语文课程应激发和培育学生热爱祖国语文的思想感情，指导学生正确地理解和运用祖国的语言文字，丰富语言的积累，培养语感，发展思维，使他们具有适应实际需要的识字写字能力、阅读能力、写作能力、口语交际能力。语文课程还应该重视提高学生的品德修养和审美情趣，使他们逐步形成良好的个性和健全的人格，促进德、智、体、美的和谐发展"。如果换成了"语文课程是……的课程"，倒是基本表达清楚了语文的基本属性。而如此定位的语文课程，语言积累、语感、思维、品德修养和审美能力以及个性和人格的形成都是在"正确理解和运用祖国语言文字"的过程中实现的，从这个层面上看，工具性就是人文性。贾老师就是用一堂又一堂像《卖鱼的人》一样的实实在在的语文课告诉我们，倘若都能在自己的认知基础上如此构建自我认识系统里的语文概念，并随着认识的提升和思辨能力的发展，不断修正这个概念，那么我们就能在一轮又一轮的语文教改潮流中站稳语文的讲台，真正清楚我们在干什么，我们在为学生的成长担负着什么职责。

三、教学层面

其三是教学层面，这是微观层面的。关于语文课的教学，理论专家有理论专家的意见，各地有各地的风格流派，还有众多名师的个性化教育艺术。但我们一线语文教师，首先需要解读课堂上要面对的学生和教学过程中要把握的文本内容。学生在语文课上要学什么？学习母语。我们教学所凭借的课文是什么？是学生学习阅读和表达的例子。贾老师有一句话，不要光教课文内容，要把课文当作学生学习语言的例子来教。那语言是什么？是表达人的思想感情的工具。明白了这一点，我们在语文教学过程中，工具性和人文性也就能够统一了。

第四节 教师素养之反思

听多了新名师讲解新课程，总渴望静静地观摩老教师执教语文课；看多了新生代激扬新语文，总期待再受老前辈的耳提面命。于是，我在行将迷惘的路口，幸运地找到了脚下语文的道路。每次听贾老师的课，就有这样一种特别的感受：如同在课改的滚滚潮流中，看到了前方的语文灯塔。我想，贾老师是在用一辈子的教育实践，给我们指明语文的方向。就像那天，听贾老师教孩子们续写童话《谁动了松鼠的"奶酪"》，我恍然明白，正是因为这份平和与深沉，成就了贾老师师者典范的魅力。

一、善于发现——语文教师应有的敏感

和许多语文名师一样，贾老师具有非常敏感的语文意识。这种敏感，不只是在课堂上，也在课前、在课外。这种敏感的语文意识，可以发现并树立学生中"治学为人"的榜样，如同贾老师一进课堂，就发现了那个端坐在座位上注视着老师的孩子。这种敏感的语文意识，可以发现生活中的教育素材，如同贾老师发现了报纸上《谁动了松鼠的"奶酪"》这个素材之于教育的意义，之于学生语文学习的价值，并巧妙地将之转化为习作教学的材料。这种敏感的语文意识，更重要的是它能引领老师在语文训练中教给学生治学的严谨、做事的规范和对人对生命的关爱，这正是贾老师的语文对教学取向敏感的选择，这选择决定了教学的成功。

二、植根语文——语文教师应有的操守

"教育是一朵云推动另一朵云，一棵树摇动另一棵树，一个灵魂唤醒另一个灵魂。"静坐在贾老师的课堂里，因教学设计的天衣无缝而感动，因老师的严谨治学而感动，因学生的认真、投入而感动。而贾老师那令人感动的教育艺术，就扎根于他那敏锐的语感之上，成就于学生语文素养的潜移默化之中。

课堂上，贾老师指着黑板上"文章不厌百回改"这句话，请几位学生朗读，追问"这句话是什么意思"？

"有人说好文章是写出来的，不全是的，好文章是改出来的。我们来看看这段话，这里一共有六处错误。"看着贾老师端端正正抄在黑板上的那段话，孩子们愣住了，这么多呀？诧异之后孩子们开动脑筋寻找错误。

很快，第一处被一个孩子找到了，"老鸭汤'搬'上来了，这个'搬'字不恰当！"贾老师笑着指出，用词应该准确。第二处错误被另一个小男孩发现了："妈妈扯下两条腿，应该是'老鸭'的腿。"教室里，孩子们顿时笑成一团。

"错误的不仅有词语，还有标点。"经贾老师这么一指点，马上有几个学生发现了"新"问题——"搬上来了"后面应该是句号。

"是的，句子已经写完，所以这里要用句号。后面还有两处错误，老师来说。两条腿，一条放在奶奶的碗里，一条放在我的碗里。先奶奶，再我，尊老爱幼。"

贾老师停顿了一会儿继续说道："一句话里用两个'放'，说明词语贫乏。换一个词，不仅不重复，而且更能说明妈妈尊老，用'按'。"

"请一位同学读原句，一位同学读修改后的句子。"贾老师请了两位学生。

"我最喜欢的老鸭汤搬上来了（贾老师：大动干戈），妈妈扯下两条腿（贾老师：好恐怖），一条放在我的碗里（贾老师：没大没小），一条放在奶奶的碗里（贾老师：没规矩）。"

"我最喜欢的老鸭汤端上来了（贾老师：恰当），妈妈扯下两条鸭腿（贾老师：合情合理），一条按在奶奶的碗里（贾老师：尊老），另一条放在我的碗里（贾老师：

爱幼)。"

"所以说,文章是改出来的。"贾老师总结说。

短短五分钟,贾老师身体力行,带着孩子们训练语感。当孩子再次朗读"作文不厌百回改"时,他们肯定深切地感受到了怎样叫修改,怎样让语言准确、明晰。课上,我们经常被一些细节感动。有些细节,看似信手拈来,实则匠心独运。听贾老师的课,有一种在语文里散步的感觉,听说读写思,情知德意行,多元发展,有机整合,让学生走近生活,直抵心灵!课堂中,随处可见大师的风采,更折射着大师的智慧和慈悲心怀:根在语文,这是语文老师应有的职业操守。

三、关注细节——语文教师应有的功力

贾老师说:"语言是一种技能。要掌握它,必须通过无数次的训练,要让学生听得清楚,说得明白,读得正确,写得流畅。本事是练出来的,绝非'讲'出来的。"这练,当然并非是机械的练,刻板的练,而是历练的练,锤炼的炼。语文能力,语文素养,人文关怀,需要在语文课堂的细节里适时锤炼。关于细节,贾老师的课充分展示了一位语文老师应有的深厚功力。

课前,主持人在介绍贾老师。他却细心地留意每一个孩子的眼神。这堂课的第一个问题便是"听别人说话用什么?用耳朵啊!这是对人的尊重,也是用心倾听的表现"。贾老师传递给学生的不仅是怎样学习,更是怎样做人的道理。

看这整堂课的设计,从听写几组词语,到听写句子,到创造性地读听写后的内容,再到创造性地续写,这么细致的训练,是我们平时的课堂难以看到的。将语文训练做得如此细致,到位,深入人心,我们多少老师舍得花这个时间呢?但正是这些细节,成就了学生的语文素养,培养了学生的语感,让学生的语文学习不再缺钙!

评讲时敏锐准确,这早就成为了贾老师教作文的标志!比如跟学生交流作文讲标题时,关于《动物法庭》和《动物法庭上的较量》,关于《"人类是我们的好朋友"》的引号,关于《法庭上的争执》和《法庭上的辩论》等。

什么是细节?这就是细节!语文的细节,做人的细节。贾老师关注细节,"语文"的细节让课堂充满思辨与灵性,体现着对学生语文能力的关注和人格修养的教育。

四、朴实无华——语文教师应有的智慧

贾老师的课，不像激情万丈的"表演课"，在课堂上展示教师的才艺。他将课堂还给学生，突出学生，淡化自己。用贾老师自己的话说，"小学语文就叫儿童语文"，"真实、朴实、扎实是语文教学追求的目标"。

贾老师的课堂上，每一篇文章都要求孩子们仔细地读，凡是要求孩子们读的地方，一律要求读到位，要求读清楚、连贯，不拖腔，不拿调。是作文课，还是阅读课？贾老师说，这是语文课！在他眼里，听说读写就是最朴素的语文，贯穿于每一种课型，每一节课中的。这是最朴素的语文智慧。

贾老师指导孩子们时的每一句话，每一个动作，每一个眼神，无不充溢着对孩子们发自内心的关爱。对孩子们的指导，从一个字的书写，一个坐姿的纠正，一句谚语的真实情态的表述，都是十分朴实的、深沉的关爱。正是因为这份平和与深沉，成就了贾老师师者典范的魅力。

五、治学严谨——语文教师应有的责任

贾老师的课，不是"上"出来的，是"酿"出来的。如同"酿"一坛语文的好酒，"酿"学生朗读的韵味，"酿"学生字斟句酌的习惯，"酿"学生书写方块字的规矩，"酿"学生言语人生的底蕴……"酿"到细处，严谨，扎实。

关于"妈妈把鸭腿放在奶奶的碗里"，贾老师引领孩子们改"放"为"按"。这一字之改，不仅让学生感受到了语言的严谨性，感悟到了"尊老"二字的内涵，更是一种严谨学风的言传身教。"能"改一字，显示了改者深厚的文字功底；"求"改一字，说明了改者严谨的治学态度；"常"改一字，说明了改者精益求精的求学之道。

让学生上台朗读自己的习作时，贾老师在一旁不断评点、修改，既有表扬遣词造句准确生动之处，也有纠正用词不当重复累赘之时。每一处细节都不放过，字字

斟酌，句句推敲，使语言做到准确、精练。这让我们看到了一个语文教师的严谨、细致。一位 68 岁的老人，精神矍铄，课堂上胜似闲庭信步，实则不留痕迹，水到渠成。课堂能达到如此效果，应该是一种境界，它需要执教者具有丰厚的学养，深厚的教学内功和对教育高度的责任感。

"作文要写得明白、干净！"严谨的态度，不仅让学生印象深刻，更让听课者为之震撼。

语文是什么？教育是生命的图腾。当我们将语文教学还原成一种生命的图腾，都将其作为生命的图腾来崇拜，当我们充满激情和敬仰在教育的园地里安身立命时，我们在语文课堂上的一言，一行，一举，一动，每一个细节，都将成为铸就学生语文生命鲜活的"存在"。贾老师，让我们在细节处看到了语文的生命性。

第五节　教材变迁之反思

在人类成长的历程里，语文是和生命一起成长起来的。语文作为一种课程，本身是一种存在，是一种与人类共生存的存在。所谓"道可道非常道，名可名非常名"，在人类诞生之初，"语文"这个概念尚未形成，"语文"这个名词还未命名的时候，它就已经存在了。又所谓"无名天地之始，有名万物之母"，在"语文"成为语文（课程）之前，思想感情、语言积累、语感、思维、口语交际、品德修养、审美情趣等这些伴随着生命共同存在的内容就已经存在于"无名"之中。而当"语文"成为语文的时候，这一切内容也伴随着语文不断生成，成长，进入"玄之又玄"的"众妙之门"。

语文因此是鲜活的，经典的老教材也一样是具有生命的，且历久弥新，经久弥醇。如同"燕子去了，有再来的时候；杨柳枯了，有再青的时候；桃花谢了，有再开的时候……尽管日子一去不复返了"，语文却总是默默地，在去来的中间，执着地坚守着高贵的沉默。

一、气质性格

当老课文遭遇新教材，语文的气质性格便执着地坚守于新课程中。老舍在草原上久立四望，低吟小诗，又在天涯碧草话斜阳，是兴之所至；马克·吐温在注视着静寂笼罩的水城，守着沉沉入睡的威尼斯，是啸傲之人孤寂的自白；景阳冈下，狂饮恣肆，解酒降虎的武松，是豪气干云；养花乐趣跃然纸上，琥珀的神奇妙不可言，凡卡的一夜泪光闪闪，卖火柴的小女孩令人心酸……这便是老课文的气质，如此深远的影响着我们的心灵，在去来的中间，执着于新课程中。

二、精神内涵

当老课文遭遇新教材，其精神内涵便执着地坚守于新课程中。如比较能经得起考验的"桃花心木"，种树的人不再来了，桃花心木也不会枯萎了。"卖火柴的小女孩"嘴上的微笑，和她曾经的幸福，是一种含泪的微笑，不会枯萎；"草原"上的境界，既使人惊叹，又叫人舒服，是一种浪漫的情怀，不会枯萎；契诃夫用一支笔尖生了锈的钢笔，一张揉皱了的白纸，为"凡卡"写给爷爷的一封信，是一种厚重的关怀，不会枯萎；云中山上，军需处长用身体塑成的"丰碑"，是一种崇高的灵魂，不会枯萎；在一棵高大的"白杨"树身边，几棵小树正迎着风沙成长起来，是一种灵性，不会枯萎；廉颇负荆请罪，将相"和"而家国"保"，是一种尊重，不会枯萎；周总理"一夜的工作"，多么劳苦，多么简朴，是一种人格，不会枯萎；张思德"为人民服务"而死，死得其所，是一种精神，不会枯萎。这便是老课文的境界，在去来的中间，执着于新课程中。

三、生命属性

当老课文遭遇新教材，其生命属性便执着地坚守于新课程中。遭遇新教材的老课文，篇篇都是集民族语言、民族精神、民族审美的精神华彩于一体的典范。人文扎根于典范里，朱自清、林清玄的散文，是典范，文为典范，意为典范，境为典范。审美扎根于典范里，安徒生的童话是善的典范，司马迁的《史记》是真的典范，老舍的散文是美的典范。生命扎根于典范之中，在古代的典范中涵养中华民族独特的性格精灵，在现在的典范中获得丰富绚丽的个体精神，在外国的典范中获得与世界的亲近。这便是老课文的精神家园，在去来的中间，执着于新课程中。

老课文遭遇新课程，是语文执着地坚守着高贵的沉默。

第六节　教学状态之反思

一、语文究竟是什么？语文究竟要干什么？

书法家朋友推荐我读蔡邕的《笔论》，其中一段话，颇以为然。

"书者，散也。欲书先散怀抱，任情恣性，然后书之。若迫于事，虽中山兔毫，不能佳也。夫书先默坐静思，随意所适，言不出口，气不盈息，沉密神彩，如对至尊，则无不善矣。为书之体，须入其形。若坐若行，若飞若动，若往若来，若卧若起，若愁若喜，若虫食木叶，若利剑长戈，若强弓硬矢，若水火，若云雾，若日月。纵横有可象者，方得谓之书矣。"

何止笔谈如此？抚琴，也求一散字，唯有自散怀抱，纵横有可象者；为文，亦求一散字，纵横有可象者；作画，同样求一散字，纵横有可象者；上课，更求一散字，纵横有可象者；为人，必求一散字，纵横有可象者……

所谓人法地，地法天，天法道，道法自然，天地万物，只要是人所谓境界高处，无出此左右。

然而，当今之课堂，"迫于事者"多。随执教者入师中之"中山兔毫"，不能佳也。于是乎：

听多了新名师演绎新课程，总渴望静静地观摩老教师执教语文课；看多了新生代激扬新语文，总期待再受老前辈的耳提面命。前些时候参加全国教学大赛，赛课尘埃落定后，聆听了主办方安排的几节新、老名师的课，几多疑惑，几多感慨。

感慨那些炙手可热、"粉丝"众多的新名师，声、光、电，诵、演、唱，诸般技艺样样精通；疑惑新名师们演绎的语文新课堂，除了感官的冲击和情绪的渲染，还能留给学生什么。

感慨那些可敬的语文宗师，如贾志敏先生、于永正先生，几十年静守"一支粉笔一本书"的语文课堂；疑惑众多教坛新秀，竟浮躁至不懂欣赏这返璞归真的语文境界。

于此疑惑之时，有幸在《温州日报》读到吴碧华老师"书声琅琅、情景交融"的"魅力语文课"，犹遇知音，难抑心中激动。见报上有同道说"书声琅琅未必有魅力"，不禁愤愤然，便执拙笔与吴老师"唱和"，以示声援，兼抒己见。

怎样的课堂才是有"语文味"的课堂？语文教学界内、界外争论了数十年，可谓百花齐放、百家争鸣，然未有结果。其实，耽于争辩毫无意义。我们无须争辩令人眼花缭乱的种种语文教学风格、模式孰优孰劣，只要琢磨清楚什么是"语文"，就明白什么是"语文味"，进而便能明白怎样的课堂才是有"语文味"的课堂了。且让我们扪心自问：语文究竟是什么？语文究竟要干什么？

此之谓"先默坐静思，随意所适"，而后"入其形"。

二、如此鲜活之语文该怎么教？

语文是一种诗性的光辉，一种厚重的关怀，一种浪漫的情怀，更是一种崇高的灵魂，一种灵性，一种尊重，一种人格，一种精神。这，才是语文，好似一位美人，她的闭月羞花令人陶醉；她的举手投足令人崇敬；她丰厚的底蕴令人叹服。这样的语文，才可以与孩子进行交流，她是思想与精神的融合，是对生命力量的召唤，是对人格魅力的感化，还是一种亲和力，是民族精神的现代化回放，更是真实自我的观照，烛照社会、人生、品性，传扬德行。

如此鲜活之语文该怎么教？实在简单。只需于激扬处还它个激扬，于深沉处还它个深沉；于浪漫处还它个浪漫，于悲凉处还它个悲凉；于狂喜处还它个仰天长啸，于伤心处还它个潸然泪下；于失意处还它个四顾茫然，于得意处还它个手舞足蹈。

一位有多年教学经验的语文老师曾这样说过："语文是美的，如果我们教了很多年的语文，却从来没有让自己的学生感受到这一点，那么我们的教学就不能算是成功的。"细细品味这句话，感悟极深。因为美是鲜活的，作为语文教师，我们就应该努力让学生们走进语文，在掌握语文知识的同时，感受到语文世界的美。

三、如何走进语文？

如何走进语文？借助图像、视频和声光电，当然能更容易带着学生走进语文，但一不小心也会变成甜蜜的毒药，扼杀学生对语文的敏感；表演是很直观的感受体验的方式，也能带着学生走进更生动的语文，可如果把握不好，或许会失之肤浅，让学生面对语文时变得心浮气躁；内容分析或是对文本的条分缕析，能够大幅度缩短学生和文本之间的距离，如果运用不当，就可能如同一把匕首，将绝色语文肢解得让人不忍直视。

如何走进语文？多读、多思、多悟，多听、多说、多写，多实践、多操练、多贴近真实的生活，是比较重要的方法。当你读得犹如亲历其境了，你便走进了语文；当你读得如亲见其人了，你便走进了语文；当你读得如亲触其物了，你便走进了语文；当你读得如亲睹其色了，你便走进了语文；当你读得如亲闻其声了，你便走进了语文；当你读得如亲染其情了，你便走进了语文。这便是刘勰所言"披文以入情"，这便是"登山则情满于山，观海则意溢于海"般的神思。走进语文，便是"语文味"的境界。当学生陶醉在你的书声里，两眼放光，如临其境；当你的学生书声琅琅，笑脸涨红，如痴如醉；当你沉浸于学生的书声里，额角涔涔，激动不已；当你的学生读后不吐不快，小手直举，小嘴直嚷；当你看学生奋笔疾书，深受感染，欲与学生同抒所感……这样的课堂才是真正有"语文味"的课堂。

第七节　教学原点之反思

2011 年，大家都很激动，因为修订版的课程标准终于出台了。最让我激动的，是语文修订版课程标准第一页第三段第一行："语文是学习和应用语言文字的综合性、实践性课程。"

这应该是官方文本第一次明确地给语文课程下了定义，这么简单，这么明白。对我而言，这句话是一个判决书。它告诉我，你找到了语文教学的原点，实现了专业精神三变——尼采所谓的"由骆驼变成狮子，再由狮子变成婴儿"。

这是我 1997 年大学毕业至今从教十五年来，寻找语文教学原点的历程。十五年间，发生了三个关键性事件，将我的人格分裂成三种动物。

一、孤独的骆驼——昨夜西风凋碧树，独上高楼，望尽天涯路

骆驼时期，1997 年—2005 年（这是王国维先生认为的人生三境界的第一境界）。这八年，对我而言，十分痛苦。我一直以为自己不会教语文，可是已没有退路。于是，我就像准备穿越荒漠戈壁的骆驼，为了不至于倒毙在路上，拼命地储备自己。没日没夜地看书，看教学录像，自费外出学习。那几年，几乎每年有一半的工资花在学习和买教学光盘及书籍上。为了评教坛新秀，甚至曾经有半个学期每晚在办公室备课到两三点，把整个二到五年级下册半本书都备了详细教案。幸亏那时还是单身汉，一人吃饱全家不饿。

后来，发生了第一个关键性事件，让我终于发现，尽管在起步的时候我不是骏

马，但是瘦死的骆驼比马大。2002 年，我一鼓作气，评上了小学高级教师，拿下了县教坛新秀，市教坛新秀，市优秀班主任的称号。那几年，让我这匹"拐子马"变成骆驼的，是我身边的前辈们，是他们的引领、指导和启发，让我慢慢有了储备，成为骆驼。

但那时的我，还是个比较单纯的技术主义者，写的论文也都是《习作教学的双重心理转化》《语文教学中的对话》《教学情境的创设》等操作型技术性的文章。所以每次上完课，我总是非常忐忑，因为我不知道自己到底上得好还是不好。于是，我告诉自己，应该学会自我判断，到底什么样的语文课才是好课？我到底为什么这么上？于是，我痛苦地挣扎着，步入了狮子时期。

二、无助的狮子——衣带渐宽终不悔，为伊消得人憔悴

在哲学家尼采眼里，狮子象征着勇于破坏传统的规范。这是革命者的形象，而且是革自己的命。连自己的命都要革的人，哪里还有同盟军？所以，狮子时期的2005 年至 2010 年，我很无助，这是发现自己内心的觉醒之后开始痛苦的摆脱、挣扎和反思的时期。为了寻找语文教学的原点，"衣带渐宽终不悔，为伊消得人憔悴"啊。

这阶段，发生了第二个关键性事件——出版了第四本个人专著《生命与语文》，并成为当年浙江教育出版社赠送给老作家和老专家的教师节礼物之一。这是我在这个阶段思考的一个阶段性材料，在教学中，我主张通过学生自主建构的言语学习过程，指向学生言语生命、社会生命、精神生命的发展。这个成果的出现，也得益于这个阶段一连串关键性事件的发生。

2005 年，我调到鹿城区并有幸参加鹿城区首届名师工程高端班培训、张化万浙派名师培养工作站首期培训、浙江省首期教师培训师培训，到北京师范大学就读博士课程，参加了全国经典诗文教学大赛获得了一等奖。

这么多高层次的培训、学习，给了我与大师对话的机会，给了我在更高层次的平台展示的机会。于是，我在浙江大学刘力、北京师大褚宏启、密西西比大学杜建霞等专家，贾志敏、于永正、张化万、杨再隋、王崧舟等大师的引领下梳理自己的思考，在全国经典诗文教学大赛、省名师峰会、百人千场等高层次的平台中审视自

己的教学行为，在研修日记、研修博客中记录自己的感想。我把每一次学习、思考、实践都记录了下来，用一个个课例，一篇篇文章，一本本专著，一个个班级，给"语文到底是什么"做着解析。在实践中，我有将近三十篇文章在省级以上刊物发表，出版了《生命与语文》《语文百日谈》《语文十年》《生命语文课堂与讲坛》等专著，上了三十多节省、市级公开课。

慢慢地，我从单纯的技术主义教师，转向了会思考的教师，我努力让自己做到教学技艺和教学思想剑气双修；慢慢地，我放下了两座沉重的驼峰，学会了独立思考，锻炼了狮子般强大的内心小宇宙。

《生命与语文》就是这个时期写的，最初是给浙江大学的研究生讲课用的讲义，后来改成自己的博士论文。

狮子阶段，意味着自我的觉醒，意味着反思，同时也处在比较危险的挑战权威和传统，唯我独尊的阶段。当狮子的状态在我的内心越来越强大的时候，我很幸运地迎来了第三个关键性事件——调到农村学校工作。这一事件的发生，让我找到了婴儿的状态。

三、天真的婴儿——蓦然回首，那人却在灯火阑珊处

2009年10月底，我到了温州鹿城西部山区藤桥镇中心小学工作。

刚到农村学校，我发现了很多奇怪的现象。我们的老师很认真，很努力，学习了很多优秀的教学手段和方法并且运用到教学中。但是，我发现有些时候很别扭。于是，每当外出听课，我就思考，这些名师的教学，为什么到了农村学校就那么别扭？

渐渐地我发现，不仅仅在农村学校别扭，其实有些所谓的经典课，本身就别扭。而很多做法，在我们的课改大潮中却很流行。于是，我就借用了屈原的《九辨》，梳理出了九个问题，借以审视语文课改十年的一些怪现象：

面对一些老师的拿来主义，名师怎么做我也怎么做的"集体无意识行为"，我在思考，我们究竟对孩子做了些什么？

面对一些老师拼命追求完美的课堂效果，不惜占用学生休息时间也要完整呈现

教学设计，我在思考，我们的孩子发展了多少？

面对一些偶像派名师高呼"我的课堂我做主"，我在思考，课堂上，我们的孩子究竟在干什么？

面对一些老师死活要把自己挖地三尺解读出来的文本内涵强加给学生，我在思考，我们的孩子到底要学什么？

面对一年级和二年级的生字一样教，五年级和六年级的主要内容一样教，我在思考，我们的孩子究竟是怎么样的？

面对不断求新求创，课不创新死不休的公开课，我在思考，我们还有多少招数？

面对一些公开课教案没有教学目标，一些教案目标基本雷同，我在思考，我们应该给孩子什么？

面对课堂教学流行动作风起云涌，课堂评价不断改革，我在思考，我们到底丢掉了什么？

面对教学流派不断涌现，分门别类，旗帜鲜明，我在思考，我们该何去何从？

带着疑问，我一头扎进课堂，在实践中慢慢找到了答案。我听老师们的课，听完课，放下听课本，拿起课本再自己上一遍并和老师们交流。听完课，上完课，再以专题讲座的形式，结合所听所上的课例，和老师们交流，如何处理"语文课的形式和内容"，如何"制定教学目标"，如何"解读教材"，如何"设计练习和作业"。还结合老师们的思考和研讨，结合老师们写的一篇篇论文、案例、教案，做专题讲座《集体备课五讲》《试卷分析与教学反思》《教学实践与教育写作》等。

那三年，结合教研活动、随堂课等，前前后后给全校老师和工作室的学员们做了三十来场专题讲座，自己班级教室的门则永远向老师们敞开，上课的教案都是在上课之前发到老师们的邮箱里。

这种没有评比和专家考核的课上多了，更加关注老师和学生的成长了，对教学的理解也就更深入了。

就这样，在实践中，我把心中的这九大困惑一一解开，变成一篇篇文章。当这些文章被《浙江教育报》陆续刊发后，我也渐渐明白，这些问题的原因其实很简单，就是"忽视了学生，忽略了学习，忽略了学习和应用语言文字"。所以，我在原来的生命语文思维框架里，加上了"学习生命"，变成了"学习生命、言语生命、社会生命、精神生命"的构架。

于是，当我再外出讲课，或与同行交流，我更多地会抛弃一些技术性的思考，转而考虑：教材怎么变成学材，教的目标怎么变成学的目标，教的设计怎么变成学的设计，教得怎么样怎么变成学得怎么样？

终于，当我看到了修订版的《课标》明确告诉我"语文是学习和应用语言文字的综合性、实践性课程"的时候，我很激动，我寻找了那么多年，终于，方向没错，语文的原点，就在前方。

第八节　教学关系之反思

经常有人开玩笑说我像陶行知先生，短发，圆脸，圆眼镜，着一身中山装。听闻此言，我自然高兴。我并非追星族，但我也有崇拜之人。陶公是我最敬仰的教育家之一，说我像陶公，我当然开心，并以之为终身楷模，景行行止。

陶公一生著书颇丰，教育科学出版社编印的《陶行知名篇精选》是我的枕边书之一，尤其首篇《教学合一》，一读再读，烂熟于胸。

陶公的教育思想，有教学合一、知行合一、乡村教育、民主教育、生活教育等，不一而足，影响深远，历百年而弥新。我个人认为，这篇《教学合一》是陶公教学思想的核心精要所在。民主、生活、乡村等教育主张，其实都是在某种角度上诠释知行合一。知行合一，如何知？如何行？都是立足于教学合一。

陶公所说的教学合一，具体来讲，有三大主张：一曰先生之责任不在教，而在教学，而在教学生学；二曰教的法子必须根据学生学的法子；三曰先生不但要拿他教的法子和学生学的法子联络，并须和他自己的学问联络起来。

这三方面，关于"教"还是"学"的问题，我在前文已有较详细的阐述，很多老师也有共识，那就是——不应再做"教"员。诚如陶公所言，学校乃学习之学校，师者之责任乃在教学生学，在于如何创设情境，任务驱动，引导学生在"做"中"学"！

关于教的法子须和师者自己的学问相联络，这一点，很多老师也有共识，于永正老师尤其强调这方面！当今世界知识爆炸，就像太极八卦的一化为万；当今世界知识更新，十分钟之后便无新闻可言。如果老师不会学习，不会与时俱进，单凭自己读书时从几本教科书学得的知识，守着十二册薄薄的语文教材，必然会被时代淘汰。我们必须时时关注世界的变化与进步，关注知识的更新与发展，更应关注学生的行为与思想。若世界发展了，知识进步了，学生变化了，而老师仍固守旧书，甚至连旧书也不温习，更不读新书，不关心新事物，那学生也就难有进步了！

所以说，当老师的，一定要谨记并践行教学合一；想要践行教学合一，一定要将学生学的法子和自己的治学之道联系起来；想要让学生的学习和老师的治学之道产生正关联，一定要学而不厌，然后才能诲人不倦！

语文教学的重构

第一节　教学本位之重构

一、语文教学的错位

细思语文课堂的种种怪象，我和工作室学员通过同课异构的十二堂《穷人》的教学，梳理出了四种最主要的错位现象：

行思错位——所思为阅读实践和言语实践，行的却只有内容分析之事。《穷人》一课，关于主人公桑娜心理活动部分的教学，学员就有以"桑娜想了哪些事情呢？桑娜为什么这样想？"引导学生展开阅读的。得出"忐忑不安"的结果后，追问"为什么'忐忑不安'？"也有学员直指课题《穷人》，让学生围绕"穷"字思考"哪些地方感受到穷，穷的背后又感受到了什么？"这些都是典型的内容分析式教学，是先得出结论，再重复课文内容，于学生的语言发展和阅读能力提升裨益甚少。

思维错位——本应让学生在经历学习的过程中习得言语能力、阅读能力、人文体悟，却落入了先有结果再有过程的窠臼。符合逻辑的语文教学，应该是基于阅读实践、言语实践，习得阅读方法，发展能力，最后水到渠成获得人文体悟，是先有过程再有结果的教学。如上文所举贾志敏老师执教的《卖鱼的人》一课，贾老师先让学生读好故事，继而结合文本内容学习生字新词，再回归文本寻找与关键词"疑惑"相关的语句，然后仔细阅读文本，将文本语言转化为自己的语言，解答文本中的"疑惑"，最后动笔将自己的体会和理解付诸文字，并得出文章的核心内涵——诚信。我所执教的《〈天净沙〉二首》一课，亦是在学生充分诵读、理解课文、补白练笔之后，才得出"一切景语皆情语"的结论。

相较之下，先有结果再有过程的教学也不在少数。同样是《穷人》一课，就有学员会设计如下教学内容：只有穷的印象吗？（善良）课文中还有让你感觉善良的地方吗？出示"课文通过（　　　　）让我们知道（　　　　　）"，课文中这样的写法还有吗？也有老师会这样设计：课文为什么取"穷人"这个题目？哪些人是穷人？为什么取"穷人"来赞美一颗善良的心，我们去读读看，是不是这样子的。以上皆是典型的先有结果再有过程，因为展开阅读活动前，早已有了关于"善良"的心理暗示。

主体错位——教师本应是为了学生的学而教，却反客为主，以教为课堂主体，学生的学成了"配角"。有些高年级老师教学生字词语，词语的呈现设计得非常精巧，但这种精巧，不是源自学生的自主学习和创造性学习，从根本上来说还是老师在教，是老师的巧妙设计，这与《课标》中指出的关于主动识字、自主学习字词的相关表示是背道而驰的。一位学员在学生初读《穷人》课文后，分四类呈现生词，让学生根据词语回忆文中人物，然后围绕主人公的心情"忐忑不安"，让学生说说文章写了什么事，并找出"忐忑不安"的原因，读出主人公的心情。这是比较典型的"巧妙设计"，一环扣一环。为什么要这样读这篇课文？学生不知道，因为这是老师的设计。学生只知道"我"在学什么，并不知道接下来要干什么，该干什么。

形式错位——以"巧妙设计"取代了"任务驱动"，老师的教学环环相扣，滴水不漏，学生活动成了"配合"。也有学员在《穷人》一课中的设计感很强，包括分层分类的词语教学、5＋2＝7的人物梳理，以及基于词语学习和人物梳理展开的主要内容概括。如果把这种"巧妙设计"来一个大翻转，将主要内容概括这一关乎核心阅读能力的任务前置，然后帮助学生在"任务驱动"下根据以往的学习经验构建"抓住主要人物和课文主要围绕着什么事件"的方法，通过概括的实践和语言的推敲，那就是很好的"任务驱动"式教学了。

二、把课文当成例子

语文课要干什么？语文课不单单是学懂"课文内容"，因为"内容"就在课文里，白纸黑字写得一清二楚；语文课不能只学习"课文内容"，因为"内容"很单薄，小学六年，1500多课时，如果只是为了学习十二本薄薄的语文书内容，实在是浪费生命；语文能力大发展不能光靠学"课文内容"，因为生活中基本用不到"哪篇课文写了什么"。

语文课要怎么上？语文课要把课文当例子，凭借"例子"展开语言实践和阅读实践，在实践中学会学习。

既然语文课是例子，如同理科课程中的例题一样，那就需要尝试，需要操练。我执教《穷人》一课，便和学生一起构建以下学习任务，并以此驱动课堂上的阅读实践：一是轻声慢读课文，读准每个字音，读通每句话；二是快速浏览，找出课文中依次出现的几个穷人；三是仔细默读，将作者描写的内容在脑海里转换成画面，看看作者重点描述了哪几个场景。

例题是拿来用的，不是拿来学的，因此语文课不需要老师把课文掰碎了揉细了"喂"给学生；例题有典型性，是需要尝试、操练的，因此语文课的学习同样需要学生以课文为材料，通过阅读和语言的尝试、操练，把握语言范例。我执教《穷人》一课，在"破题开篇"环节，请学生基于阅读经验破解文章"题眼"——穷，并请学生在文中寻找关于穷的描写。在进一步的阅读中，学生会发现文章描写"穷"的笔墨并不多，更多的是关于主人公桑娜的心理描写。当阅读实践与学生的已有认知产生矛盾时，他们将自己构建出新的学习任务——"为什么关于题眼的着墨并不多？""这些心理活动到底想告诉我们什么？"此时，学生的阅读将在学生自己构建的任务的驱动下，转向深度的实践——对心理描写的句段开展批注式阅读。这种状态下的阅读，是符合一般的阅读心理机制的，学生也将在这个环节的实践中读出问题的真正题眼——人。

在文章的结尾处，我是这样设计的：这就是大文豪的高明之处。文章读到这里，我总感觉意犹未尽。如果让你接着写，桑娜拉开帐子以后，你觉得事情会怎么发展呢？你会写些什么呢？构建好任务后，我会先和学生基于前文的行文特点和语言风格，交流写的内容和方法，再请学生练笔，最后请学生围绕这之前交流中梳理出的要点交流、分享自己的文字。

三、把"教学"变成教"学"

把课文当例子的前提不是"教会"，也不是"学会"，而是"会学"。坚守本位的语文教学，应该把"教学"变成教"学"，把目标转向学生，让学生成为主人，并以"会不会学"取代"学会了没"。

如我的《因为善良》教学设计。

因为善良

一、初读课文

自己轻轻地读给自己听。读书，用眼睛读和用嘴巴读是不一样的。只要你张嘴了，哪怕很轻很轻，除了自己谁都听不到，那也是读到心灵深处的。自己来读读这个故事吧，边读边想象这个故事的每个画面，你会有所感动的。

二、整体感知

1. 词语学习

整个故事真是扣人心弦。好文章，牵着读者的心走，读好文章，也应该是跟着文章的情绪和节奏走，就像亲身经历了这个故事一样。相信大家脑子里肯定或多或少留下了这个故事的一些镜头、画面和感受。关键人物是谁？（肇事司机）读完这个故事，关于肇事司机，一个个词语，在我眼前组合成了他的形象：

不知去向	失魂落魄	纵身一跃	号啕大哭
安然无恙	家徒四壁	飞来横祸	心如死灰

2. 指名读课文

故事读好了，肯定有点感触，肯定还有些问题没想明白。拿起课文，我们一起来读一读这个故事，把没想明白的读明白。

故事的起因，谁来读？（引领学生入境，找到读书的感觉，读出故事的情节起伏。读得入情入境）

3. 简述故事

根据提示的词语，根据人物线索，或者根据故事的主要情节，简写一段故事。

第二节　教学生命之重构

生命灵性烛照下的语文教学，不仅仅是语言教育。作为母语教育，它更是人文教育，是审美教育，是生命教育。

一、语文教学是人文教育

教育，与其说是驯化，不如说是对生命的爱的具体体现，是对一个人的成长过程和未来人生的关怀。"语文是最重要的交际工具，是人类文化的重要组成部分。"作为母语，它不仅是一种语音、符号系统，在其中也积淀了民族的睿智、文化、精神。教语文，同时也就在教中华民族的文化、中华民族的思想、中华民族的感情。课程标准强调语文教学要为学生的终身学习、生存和发展奠定基础，其实就是强调在语文教学过程中全面提高学生的人文素养，打好人生的底色。

语文课本的篇篇文章都蕴含着丰富多彩的文化内容，无不富于人文精神。尤其是文学经典，集语言学、审美学和精神哲学为一体，是民族人文精神的神采之所在，是人文素养长效的营养剂。于漪老师说过："民族文化是民族的根，而民族语言负载民族文化，是根之根。""汉语言文字负载着中华民族千年的古老文化，它不是没有生命的符号，而是蕴含着中华民族独特性格的精灵。"我们必须还语文教学以人文性，把人文素质的养成渗透在具体的教学过程中，在语文知识教学、语文能力训练中贯彻人文精神，潜移默化，春风化雨，人文之光自可随风潜入夜，润物细无声。也唯有如此，充满崇高的理想情操，充满创造力、想象力的语文学科自会真正成为提高学生综合素质的基础学科。

也就是说，语文教学应该通过学习祖国语言，继承民族精神和人类遗产，提高文化修养，培养高尚情操，形成良好的个性和健全的人格，塑造高尚的灵魂。

二、语文教学是审美教育

语文是美的，如果我们教了很多年的语文，却从来没有让自己的学生感受到这一点，那么我们的教学就不能算是成功的。作为语文教师，我们所追求的就是努力让学生们走进语文，在掌握语文知识的同时，感受到语文世界的美。

比如语言。

语言是一种艺术，是雕琢美感情绪的信息载体，是文章美的"精髓"。文学语言要力求简洁、准确、生动、形象、新鲜、流畅，要讲究音韵和谐，整齐对称，要讲究与思想内容的完美统一。要能够使读者"历其境，见其人，触其物，睹其色，闻其声，染其情"，从而获得亲身感知，并在此基础上展开思维的翅膀尽情地去想象，去创造。毛泽东的《沁园春·雪》（北国风光，千里冰封，万里雪飘。望长城内外，惟余莽莽，大河上下，顿失滔滔。）没有这大气磅礴的词句，就不可能描绘出祖国山河的壮丽，衬托出伟大政治家气吞万里、雄视千古的英雄气概。再如杜甫《登高》中"无边落木萧萧下，不尽长江滚滚来"用对称而和谐的语言，仅十四个字就写出了作者登高时的心境，苍山如海，树木无边，长江波涛，汹涌翻腾，用"萧萧"形容落叶的形态，用"滚滚"形容奔流的气势，通过写景又表现出诗人襟怀的广阔，对未来无尽的希望。文学作品正是用最为精练的语言，抓住事物本质，突出事物的特征。

比如语文教学情境。

它重在使课堂形成一种与语文意境相似的氛围，使学生产生一种与课文基调接近的情绪。它的创设可繁可简，可以是一幅图画，一首歌曲，也可以是几句动情的话语。如诵读《天净沙·秋》："孤村落日残霞，轻烟老树寒鸦，一点飞鸿影下。青山绿水，白草红叶黄花。"白朴那种面对悲秋却依旧阳光的形象深深地照亮了读者的心；诵读《天净沙·秋思》："枯藤老树昏鸦，小桥流水人家，古道西风瘦马。夕阳西下，断肠人在天涯。"灰凉的底色里出现了枯树、瘦马、游子，一份抑制不住的悲凉，一种愁苦的述说便将人包围。

什么是语文审美教育呢？语言文字带来的色彩美，声音美，线条美，形体美，崇高的，悲剧的，优美的，喜剧的……这不都是语文所承载的吗？

三、语文教学是生命教育

强调语文教学要关注生命，是因为学生是一个涌动着活力的生命体，也因为语文与生命活动，特别是学生精神生命活动有着特别的亲近关系。北师大刘锡庆教授曾经指出，语文课"从本质上看无疑是'立人'之课，它具有强烈的人文精神"。"语文课的目的就在于'人'，解放人，充实人，提升人。"因此回归生命的期望，不仅出自生命个体的需要、"教育"的内在规律，也是语文学科所内含的教育价值的体现。可以说，体验他人、表达自己，努力恢复语文学科的生命性，已成为当下语文教学的"教育性"的价值追求。回归生命，是为了让每一个学生在宝贵的教育生活中能感受语文的魅力，能在丰富绚丽的语文世界中获得人与世界的亲近，获得个体精神的丰富，并最终获得一种优化了的高品质的生命形式。这种时候，语文就不再是一门学科那么简单，语文就成了生命的图腾！当语文成为生命的图腾时，我们并不是期待它有一种超自然力，乃是要从语文里继承民族精神和人类遗产，提高文化修养，培养高尚情操，形成良好的个性和健全的人格，塑造高尚的灵魂；在语文里变得睿智，积淀文化，冶炼精神。

第三节　教学审美的重构

　　语文教学是基于语言学习进行的人文教育、生命教育、审美教育。而人文、生命、审美三者中，"人文"是语文的精神支柱，是语文的精气神；"生命"是语文的终极追求，是语文教学的归宿；"审美"则是语文教学的生动的表现。那么语文的人文内涵和生命性具有怎样的审美本质呢？我们可以从这么几个角度去体察：

一、语文教学的审美形态

　　从美的形态来看，美可以分为现实美和艺术美。而语文所承载的生命，同样有来自现实的生命，有来自艺术的生命。

　　《卖火柴的小女孩》是个童话，然而正是这个来自艺术的虚构的生命，却以其令人感动的真实性，给人以生命的震撼。当我们在故事的最后看到小女孩"含泪的微笑"，内心被一种无言的疼痛深深地刺激着。在这种生命的震撼中，我们读这篇文章，就不再是读一个文学作品，而是用自己的生命去读另一个真实的生命，这生命也就成为了现实的存在。

　　《丑小鸭》是安徒生笔下的令人感慨、唏嘘不已的艺术形象。这完全是一个艺术形象，它的生命来自安徒生的童话。但是，当我们看到这可怜的小家伙，因为长得丑，小伙伴们嘲笑它，哥哥姐姐欺侮它，就连妈妈也不喜欢它；因为长得丑，小鸟嘲笑它，猎狗追赶它，连野鸭子也瞧不起它；看到饥寒交迫的丑小鸭最后昏倒在冰天雪地里，我们都不禁为它悲伤，为它难过。这只丑小鸭，不仅长得丑，命运也丑得可怜，让人为其愤愤不平。可是最后，我们看到它变成小天鹅的时候，看到它从心底里发出快乐的呼喊的时候，我们不是也非常幸福吗？这是艺术的生命在唤醒我们真实的情感。

二、语文教学的审美范畴

人有气质的区别，黏液质的和胆汁质的迥然不同。具有鲜活生命意义的语文，也表现出不同的气质。

如浪漫主义与现实主义的不同。

浪漫主义的语文侧重从主观内心世界出发，抒发对理想世界的热烈追求，常用热情奔放的语言、瑰丽的想象和夸张的手法来塑造形象；现实主义的语文通常按照实际生活所固有的样式来再现生活，偏重于描绘客观现实生活的精确的图画，描写那些生活中已经存在或按照生活的逻辑可能存在的事物。

比如《两小儿辩日》，以春秋大义的笔法，记录先师孔圣人与两个小孩儿的对话，是现实主义的，非常写实的，非常富有哲理和思辨性。比如《清平乐·村居》，这是典型的浪漫主义。这是一幅白描的村居图，虽然洗练，却有声有色，虽然朴素，却有情有趣。词人辛弃疾虽没有将内心的这种感受直接诉诸笔端，可从那看似客观的描述中，词人分明感受到宁静的乡村生活给他带来的精神上的享受。

以上种种，意象、意境、情境，其源皆发诸诗词，又不止步于诗词；其径皆借诸吟读感悟，又丰满于说写表露。因其进入课程，进入课堂，这些诗词便不再是原来的一组诗词，它乃是立足文本，兼又生产、拓展更多课程资源，更丰富了诗人的情怀、哲人的智慧。

如优美的语文与崇高的语文的不同。

优美的语文，给人一种柔媚、和谐、宁静、优雅的感觉，是"真""善"直接统一而给予人的一种优游、闲适的愉悦。崇高与优美相比，则具有刚劲、动荡、诡奇，缺少表面上的协调，是"真"和"善"的间接统一，给予人们惊心动魄、振奋激扬的精神体验。

比如叶圣陶的散文《荷花》，是优美的语文。文中短短三百余字，作者以一颗童心，以丰富的想象把荷花描绘得活泼生动，有声有色令人陶醉。高年级有一篇课文

《木笛》，吹木笛的朱丹，在乐团考试的最后关头选择了放弃，则是崇高的美的另一种展现。

如悲剧的语文和喜剧的语文的不同。

鲁迅对悲剧有一个简明的定义，悲剧就是将有价值的东西毁灭给人看。悲剧的一个鲜明的特征就是能给人一种强烈的道德震撼，振奋人们的精神，鼓舞人勇往直前，而不是使人悲观失望，丧失信心。

小音乐家扬科，那个走到哪里都可以听到音乐声的蓝眼睛小男孩，到死还能听到大自然的音乐，听见村里姑娘们的歌声，他为音乐而生，为音乐而死，令人唏嘘，令人悲愤，这是无言的呐喊，是悲剧。

鲁迅对喜剧所下的定义是，喜剧就是将无价值的东西撕破给人看。它的含义，一是以具有反面素质的人物或人生无价值的东西为对象；二是矛盾的性质必定是对象在社会历史的必然性冲突中被否定和撕破；三是在审美效应上，它能使审美主体产生内涵智慧与启迪的轻松欢快之笑。

《皇帝的新装》中安徒生笔下的那个荒唐的皇帝，最后被天真的孩子无邪的话语撕破虚荣的谎言，让人忍俊不禁，捧腹之余叫人深思，这就是喜剧。

三、语文教学的审美形式

形式美的基本构成因素是色彩、线条、声音、形体线条等。因为美具有这些形式，所以美是可以触摸的、可以感知的，美是生动的、鲜活的。语文的生命性同样鲜活，同样生动。因为语文同样具有色彩美、声音美、节奏美、情绪美。我上《〈天净沙〉二首》，是从一组词语的朗读开始的：

孤村老树　　轻烟寒鸦

落日残霞　　飞鸿影下

青山绿水　　红叶黄花

就这样，两首《天净沙》还没呈现出来，语文的生命色彩，语文的声音，语文的节奏，语文的情绪都出来了。

四、语文教学的审美活动

在实现语文生命性的过程中，始终伴随着语文审美活动。有通过语言文字营造的情景感动其中的，这是动之以情；有在语言文字创造的意境氛围里潜移默化的，这是熏陶浸染；有在愉悦的艺术和精神享受中得到启迪的，这是寓教于乐。

《〈天净沙〉二首》这堂课上没有很多花哨的手段方法，只有五个字：一是听，听老师读，听同学读，听老师说，听同学说；二是说，说自己读词读曲的感受，说自己听老师同学读的感受，说自己的想法，说自己的理解；三是读，读好词，读出画面，读出意境，读得入情入境，读得百感交集；四是写，写自己看到的，写自己想象的；五是想，想象的想，形象大于思维，古诗词的意境从哪里来？不是理解，也不是分析，而主要是靠想象，以画解诗。

因为具备了"动之以情，熏陶感染，寓教于乐"这三种基本的语文审美活动，整堂课看起来就特别的简单，特别的干净。学生一遍又一遍地读，读得实在，读得生动，读出了新意；学生畅所欲言，说得舒畅，说得动情，表达得恰当到位，表达出了独特的感受；学生沉得下心，用心听老师同学的发言和诵读，用心走进画面和小令，感受言外之意，曲外之声；学生提笔书写，言语不多，但写的都是真心话，写的都是脑子里呈现的画面。

第四节　教学意识之重构

教师的课堂教学意识，是指教师对学科课程教学的标准以及教学任务的敏感性和自觉程度。教学意识直接关系到教学活动的顺利进行和教学质量的高低。语文课堂教学应该至少树立以下几种意识：课程意识、生本意识、效率意识。

一、学语文——课程意识

所谓课程意识，也就是关于课程性质的意识，简单说就是教什么的意识，怎么教的意识。教师承担语文教学任务的时候，要明确自己教的语文课程是一门什么性质的课。

语文是什么？语文课该是怎么样的？站在前文分析的"教学"是教"学"的立场上，教师就要明白，语文课程就是要教学生如何"学语文"，语文课就是"指导学生学习祖国语言"的课。

语文应突出其生命属性，在凭借语言材料的阅读实践和语言实践中，习得语言形式的同化，习得我手写我心、我笔达我意的表达能力，受到"诗言志歌咏言"的熏陶，使学生在语文学习的过程中实现学习生命、言语生命、社会生命、精神生命等四维生命的共同丰润。

"学语文"到底学什么？前人讲"双基"——基础知识、基本技能，这仅仅是知识和能力维度，我讲"四基"——还应该包括过程和方法维度的基本习惯和基本方法，至于情感态度价值观维度的，不是教会的，也不是学会的，而应该是在习得"四基"的过程中水到渠成、潜移默化的。基础知识包括"字、词、句、段、篇"。

基于这种认识，我通过三年级略读课文《夸父追日》一课的教学和工作室的学员展开讨论。

如徐俊工作室学员点评《夸父追日》。

"神话类文体"该如何教？

——《夸父追日》听后有感

温州市藤桥小学　李淑婵

"神话故事"学生如此熟悉，如何将它教得有情有趣？"神话文体"的课堂如何提高教学实效性？徐老师执教的这节课给了我不少启发。

本节课的设计，徐老师充分考虑神话的本体价值（如神话的想象力、文化源头等），也考虑它作为教材的教学价值（语言文字的品悟和复述等语文特点），搭建了讲神话故事的三级平台。

平台一：师生合作，定准目标为讲故事做准备

课始，从课题"夸"同"跨"字引出夸父样子的设想和讲述，马上奠定了这节课的基调。学生依靠文字感受了神话故事人物的神奇，初步树立"夸父"这一神话人物形象。接着抓住课题中"追"和"跑"的区别，带领学生体会题目包含的神奇之处"追日"，引发学生的学习期待。老师顺势提出本文是一篇略读课文，要求学生自读自悟，鼓励学生畅谈自己学懂课文的方法。教师借此环节，既了解到学生的学情，也结合课文导语提取了本课的学习目标，形成了板书：起因、经过、结果（题目右侧）；读课文、讲了一件什么事、想到什么、讲出神奇（题目左侧）。板书即是本课的学习目标：一、通过自读自悟方式读懂课文；二、通过起因、经过和结果串联的方式讲讲主要内容；三、通过联想的方式感受神奇，并能把故事讲得神奇。本课目标层层递进的设定，最终指向的关键问题是"讲出故事的神奇"。板书上的学习任务，驱动了后续的学习过程，提高了学习的实效性。

平台二：理清脉络，对比古文把故事讲清楚

理清文章脉络，徐老师使用了一副"工具支架"——起因、经过和结果。难点字词学习后，让学生默读课文寻找故事的起因、经过和结果，然后结合课题讲讲发生了一件什么事。学生通过此环节的语言实践活动，了解了故事的主要内容，同时

120

又进行了简单的讲故事活动，为第三层学习目标"故事讲出神奇"搭建好整体骨架。徐老师不满足教学止于此，而是寻找神话的源头，把神话当成一种文化传承，融入了古文的学习中，静静地引导学生品味神话的意味。为读懂古文徐老师给出了"两根拐杖"——文本和主要内容，学生依靠它们走完了古文大意的了解之路。读懂古文的活动其实就是第二次讲故事活动。相比上次，第二次讲故事基于古文，在讲清楚的基础上多了几分古味，几分神奇。

平台三：品味语言，发挥想象把故事讲神奇

在品味语言环节的设计上，徐老师颇富创意。学生体会了古文的精练又进行了教材和古文的对比，带领学生体会课文中详写的好处——凸显了"神奇"二字。老师挖掘神话故事作为教材的价值，关注了神话故事古今两个版本的语言表达，巧妙地将"精简"和"详细"结合起来。让学生先画出文中感觉特别神奇的句子，谈谈自己的理解感受后，再从古文中找出相对应的词语，老师随机在旁边补写关键词。如当学生谈完夸父倒下后的神奇变化，学生找到古文中相对应的地方"弃其杖，化为邓林"，老师在旁边批注补充了"一座大山"，拓展学生想象夸父倒下会发出怎样的声响。就这样逐步达到第三层学习目标：学生可以看着古文，结合关键词，发挥想象讲出故事的神奇。

本节课的设计紧扣神话文体教学的特点，聚焦神话的"神奇想象"，聚焦神话的"语言习得"，聚焦神话的"文化传承"，让学生充分感受神话文体的魅力所在。

基本技能包括"听、说、读、写、思"，如二年级语文课《称赞》，基本目标定位可以是正确、流利地朗读课文，有感情地朗读小刺猬赞美的话；建构话题，感受赞美的力量等。再如六年级语文课《少年闰土》，基本目标可以定位为正确、流利、有感情地朗读课文；朗读、默读、浏览；提取、处理文本信息，批注、概括等。

基本习惯则是一种力量，对学习而言更是如此。语文学习过程中，需要凭借并养成哪些习惯？比如阅读教学中的"读完一遍，再读一遍""保持良好的写字姿势""拿到课文自主思考学习任务""阅读文章时圈画、批注"等；习作教学中的"体验—观察—选材—构思—表达"的思维，"关注内心，表达感受""在自主实践的基础上，乐于互动、交流""边实践，边体验，边辨析，边完善"等。

老师为养成学生良好的作文习惯，尤其需要注意激发学生强烈的表达欲望，保证学生充分的动笔时间，让学生成为习作的主体；充分调动评价的积极性，让学生成为评价的主体；营造课堂民主氛围，擦亮思维火花，激励学生多角度、个性化拟题、表达。这是学生立场的教学理念，引领学生走向"主体习惯"。

活动作文不是活动加作文，是活动和作文紧密结合；活动作文指导不是单纯的技巧说教，是师生互动中的碰撞和顿悟；活动经过不等于体验经历，老师要在课堂活动中积极引导，帮助学生将经过转化为经历。这是体验立场的教学理念，告诉我们，要让学生乐写、会写，先要让学生养成写前充分体验的习惯。

学生是活生生的人，老师要尊重儿童，不强加于人；学生不是观众，应该让尽可能多的孩子成为活动的主人；老师心里要真正装着每一个孩子，为孩子开放了个性的表达空间；一切教学行为都具有教育性，一切教学行为都是具有促进儿童成长意义的教育行为。这是教育立场的教学理念，只有老师始终站在学生立场，才能让学生在语文学习尤其是语言实践中习惯"自主"的立场。

最后是基本方法。"学语文"当然有方法，从课堂走向生活，从"教"走向"学"再走向"用"，就是方法的实践、习得与运用。语文学习的基本方法包括"构建话题""自主学习字词""自主构建学习任务""批注法阅读""信息树阅读"等。

二、学生学——生本意识

所谓生本意识，其实是站在目的论的角度认识教学。语文教学的根本目的是什么？绝不是教授一些知识、技能甚至进行文化熏陶那么简单，其最终目的是让学生在"学语文"的过程中习得"会学"语文的能力。

因此，面对内心关于"谁的课堂？谁做主？"的叩问，我这样回答自己："把课堂还给学生"。窃以为，一堂课的好坏，关键看学生学得怎么样。如何把课堂还给学生？把时间留给学生，让学生自己构建学习任务，让学生自主学习，让学生自主分享学习成果。

如我的教育考察笔记《松鼠吃什么——我看德国小学语文教学》。

松鼠吃什么——我看德国小学语文教学

在欧洲讲学期间，拜访了家住班贝格近郊森林附近的陈教授。她家近乎原生态的院子里，种着一些核桃树、榛子树、苹果树、梅子树，底下的灌木丛中则是覆盆子和一些叫不上名的果子，随手摘来便可入口，十分美味。望着落满地的果子，我觉得非常可惜，开玩笑说："这些纯天然无公害的果子，都收拾起来，够你们两口子的伙食了。"陈教授哈哈大笑道："刚来德国那会儿，我也是这么想的。"

陈教授说，第一次来德国，看见自家院子的地上落满了榛子、核桃，她也非常兴奋，把地上的果子捡得干干净净的，很有成就感。先生 Link 教授下班回来，她拎着沉甸甸的袋子，向他炫耀战果，还想揶揄一下他的"懒惰"。谁知，先生一脸疑惑地看着她，很认真地说，把果子都捡干净了，松鼠吃什么？

是呀，松鼠吃什么？种满果树的原生态的院子，是松鼠的地盘，也是鸟儿、野猫、刺猬的乐园，是它们自由自在生活的天地，Link 教授不仅给松鼠留足了吃的，在篱笆上还挂了个放满荞麦的盒子，地上摆了个装满猫粮的盆子，这些是给鸟儿和野猫、刺猬准备的食物。

松鼠得有足够的果子吃，学生在课堂上也得有足够的听、说、读、写的时间呀。可有的老师却高呼"我的课堂我做主"，在课堂上尽情地分析、讲解、演绎，说、学、逗、唱，声、光、电、影，潇洒发挥，把原本应该属于学生的学习时间和机会都霸占了。这和从松鼠嘴里抢果子，有什么区别呢？

在这个盛产哲学家的国度生活的德国人，这样处理生活在同一片土地上的人和动物的关系，更是这样处理同一间教室里的师生关系、教学关系。和学生共栖于课堂的德国老师，善于把课堂还给学生，绝不越俎代庖，替学生咀嚼、消化美妙的学习过程。

班贝格一所国民学校的副校长阿娜特女士告诉我，德国的老师喜欢组织孩子们开展发现式、探究性学习，学生也喜欢这样的上课方式。

通常情况下，我们教学句式的变化，会让学生通过句式对比发现规律，如"把字句"和"被字句"的教学。考试或练习的时候，也会在"照样子写句子"的题型中提供对比的句式，以提醒学生。德国老师通常不这么做，他们习惯让学生自己尝试。比如用"爸爸说：'让我回家。'"这个句子学习句式转换，她会让学生在"七嘴八舌"中发现，说成"'让我回家。'爸爸说"意思也是一样的。再让学生在讨论中发现句子成分的前后变化，标点符号的变化，并让学生自己编造一些句子，进行练习。这种自己"编造"例题进行操练的自主学习方式，在欧洲的很多国家都很流行。在意大利的语文课上，我们也经常能够看到学生兴趣盎然的"胡编乱造"，最后在同伴的互相帮助下，"编"得像模像样。学习这枚美味的"坚果"，就是这样在学生"磨牙"的过程中弥散着它应该有的滋味。

把"果子"还给"松鼠"当然不错，可是德国的老师更愿意让学生自己把树上的"果子"摘下来，因为这是更有挑战性的任务。从二年级开始，老师便会让孩子运用学习任务单完成学习。比如词语拼写教学板块，学习"走"的近义词。老师通常会提供这样一张学习任务单：给学生许多的图画，让学生找出含有"走"的意思的词语（跑、瘸……），演一演；找出生活中和"走"有关的词语，写下来。在学生开开心心完成任务的过程中，单词拼写和不同词语的意义区别的教学目标就达成了。在整个过程中，老师的角色就是欣赏者、激励者，如同我们安静地坐在院子里看着松鼠摘松果，啃榛子。

到了三、四年级，更多时候老师会给每个小组一篇文章，让学生找出词语（词性相同的，词根相同的，构词方式相同的，词性化用方法相同的等），跟同伴分享。一般情况，老师提供的课文是课内、课外各占一半。为什么？丰富教学内容，贴近语言实际，兼顾不同学生。这就如同 Link 教授给动物们另外准备的荞麦和猫粮一样。

我们的语文教学，主张用教材教，老师是教材的使用者，教师用规定的教材执教阅读、习作、口语交际、综合实践等课型。德国语文课也包括阅读、书写（拼写）、口语交际、语法、写作（在评价中，写作占的比分最重）等内容，但老师可以自己选用或自编教材。对他们而言，课堂是学生的，老师的"教学任务"主要体现在教材的选择和编写上。通常，老师会选用或编写教学内容和课型交叉的教材，让课文的学习变成一个综合性的语文学习任务单，正如他们喜欢在院子里混种各种果树，让动物们自己充分享受内容丰富的大餐一样。他们认为，这才符合学生语言发展的生态。

以四年级语文为例，一般以同一主题的内容编写单元教材。每篇课文后面一般会安排五到六个学习任务，分别指向阅读、书写（拼写）、口语交际、语法、写作，但在同一个单元里，学习任务的重点是不一样的，其中最重要的两个任务，通常有动笔的要求。

比如《西班牙》这个单元，第一篇课文是《一封度假信》，以一个在西班牙度假的孩子写一封度假信的形式，整体介绍西班牙，课后给出学习任务："我"曾经去了西班牙的哪些地方？找出课文中的形容词；找出形容词与名词的不同搭配形式……

第二课是介绍西班牙首都的说明文《马德里》，课后的学习任务是：你对马德里有哪些了解？概括文章的主要内容，找出形容词与名词搭配的词组，分析不同类型词语的拆分方法。

第三课介绍西班牙的《村庄》，课后的学习任务包括：朗读课文；观察插图，对比课文描述和插图的差异；你在课文中看到了西班牙的村庄有哪些蔬菜水果，并进行词语归类；把动词作名词用的词语找出来。

第八课《风车的力量》，是塞万提斯著名小说《堂吉诃德》的选段。课后提供了课文的相关背景文献（选文出处，作者介绍等），并设计了这么几个学习任务：自读课文，概括主要内容；解释一些重要的词语；根据要求学习一些重要内容，如根据提示，找出课文中具体描写的内容；根据课文内容进行续写；对比一段文字和原文进行区分等。

不难发现，老师选择或编排的这些学习内容，没有纯粹的哪种课型，但是整个单元会突出一两个重点。《西班牙》单元，主要是让学生依据文本学习语法（词语的属性和拼写）和主要内容的概括。当然，其他学习内容也交叉其中，每课各有侧重。第一、二课侧重词语和概括，第三课侧重朗读和阅读，第八课侧重阅读和写作。

这一单元还安排了《气候》《音乐舞蹈》《橙子》《毕加索》等课文。不仅每课的教学重点各有侧重，每篇课文的体裁也各不相同：书信、说明文或写景状物的记叙文、小说以及非连续性文本。

除了根据主题组织课文、设计教学，还有以问题探究组织教学的，比如以"怎么介绍"为探究问题的单元，课文包含状物类的文章、说明文和操作指导（一道名菜怎么烧）等非连续性文本。另外，还有专题学习的单元，如人物传记类的文章；同体裁文本学习单元，如拟人化描写动物的文章（类似动物小说）；学科交叉整合学习单元，如历史性文章（《哥伦布发现新大陆》）等。

从教材的编写角度来看，德国语文教学不仅在学科内部有语法和写作、拼写和语法等不同教学内容和课型的交叉，而且还和其他学科，如历史、地理、科学等教学内容交叉，各学科都渗透、整合着语文教学内容。这种浓厚的学科整合意识，也是德国中小学为什么以全科教师包班教学为主的重要原因。老师们往往会将语文教学和其他学科（科学、历史、劳动技术等）进行整合——当然，每个学科都有规定的课时，在整合教学过程中，老师会让相应的学科在规定课时中有所侧重。

阿娜特女士告诉我们，多种文本的选择，多学科的整合，不仅丰富了学生学习的材料，让语文学习更具生活性、实践性，更重要的是，为写作教学提供鲜活的范例和实践的基础，因为写作是他们考查学生语文素养最重要的内容。正因为注重语言的实践，德国学校给学生留足了时间。

通常情况下，下午一点钟德国学生就放学了。因为，他们需要充分的时间去实践（当然，包括其他学科的实践任务），为学业评价做准备。

从刚入学的一年级到四年级毕业班，德国学生都有一个共同的"考试科目"：每个学期做一个时长为15分钟—20分钟（包括师生自由提问的时间）的小讲座。当然，评价标准会不一样。学生可以自定讲座主题，可以自主申报一学期内的任何时间做讲座，而且通常会有3个月的准备时间，可以充分地参考各种资料。

每年，他们还要在完成美术、劳动、社会实践（野营、历史文化考察）等其他学科实践的基础上，完成7篇作文——看图写故事、写信、写菜谱、写说明书、用上老师提供的词语写文章（如郊游等）、写记叙文、写童话等——从这7篇作文中，可以看出老师选（编）教材的良苦用心。

除了这两项很重要、很费时但考核时间不固定的"考试"科目外，德国学生每个学期还要在学习过程中完成5张—6张语法卷，4张—5张阅读卷，8次包括拼写、听写、看图写词语、文章中找错词、词语填充（完形填空）等形式的词语测试。而这些，都是平时的学习过程中要完成的，因为德国老师从来不给小学生布置家庭作业，也没有期末考试。

德国的小学语文教学，从教材、教学、评价等各方面都与我国截然不同。巨大的差异留给我很多的思考。但是，在德国看到的两个现象，让我理解并认同了这种差异：

这位德国女老师和我谈教学的时候非常认真，就像格林童话里经常出现的严肃的德国老太太。谈话结束后品酒闲聊的时间，她却欢笑不断，眉飞色舞。当我递给她一支毛笔、一块徽墨作为答谢时，她如获至宝，如同天真的小孩，手舞足蹈，令人动容。从她身上，我仿佛看到了她的学生在课堂上自由自在地享受学习，在生活中开心快乐地开展实践，在讲台上头头是道地做着报告的情形。

再看院子里，不时从树头跳过肥硕的松鼠，叶间欢唱的小鸟，这不正是因为Link 教授打心底里把它们当作院子的主人，把大树和果子还给它们的缘故吗？

是的，一定要把果子还给松鼠，把学习还给学生。

如何判断一堂课是否以生为本？上述四把"尺子"中，把时间留给学生只是表象化的标准，更关键的是看后三者。

二年级《称赞》一课，学生学习活动时间的比例大大高于老师。

如 2012 年徐俊工作室学员《称赞》课堂笔记一。

《称赞》课堂笔记一

1．初读要求：自己读课文。（出示温馨提示"我会读"，保证学生读两遍的时间）

2．出示第三行词语：最后一组是最难的，请一位小老师带大家读，开火车读。

3．小朋友们，词宝宝都会认了，现在我把它们藏到句子里，你会读吗？（齐读，指名读，请不举手的读）

4．找出课文中"称赞"的话，指名读。练练试试。（抓落实，充分给学生时间）

5．句式操练：一个比一个（　　　）——一（　　　）比一（　　　）（　　　）！

然而，这些活动都是属于"高结构"的——在老师的精心设计下，根据老师的要求步步推进的，学生并无太多的自主学习的机会。再看老师在课堂上的"主导"作用。

如 2012 年徐俊工作室学员《称赞》课堂笔记二。

《称赞》课堂笔记二

1. "称赞"就是……请跟李老师一起写课题。称，左边是……右边是……赞，上面两个先，第一个得蜷起腿来……

2. 故事读到这儿，你们肯定知道是谁称赞谁？（小刺猬称赞小獾，小獾称赞小刺猬）

3. 找出"称赞"的话。师生交流找出的句子后，大屏幕展示，学生自主练读。

老师显然"低估"了学生的能力，因为"低估"了学生，进而剥夺了学生自主学习的机会。这样的教学动作，在课堂上颇多。如"读了故事，知道了什么？"根据知道的，读读相关的句子，重点关注："小獾称赞小刺猬……"，"小刺猬称赞小獾……"这些都是立足学生自己学的，都是学生能做到的，而且建立在读的基础上。

4. 用"哭脸""笑脸"表示人物的心情，理解"粗糙""泄气"，给称赞换一个词，配乐读第一个自然段。

这是典型的以老师的设计代替学生的阅读理解，老师在课堂上强势占据主动，完全控制了课堂。而且这些词的学习虽然很充分，但是脱离了文本，以讲和体验为主，不利于学生自主阅读。

教师如果在课堂教学中充分考虑学生的自主性——让学生自己构建学习任务，让学生自主学习，让学生自主分享学习成果，那么他所占有的课堂实践和话语权必定是相对较弱的，甚至"课上着上着，老师不见了"。

三、求效果——效率意识

所谓效率意识，则是考量老师的教学责任心。一堂语文课的教学目的、教学内容、教学重点、学生相关能力发展状态如何？这些都是老师课前要了然于胸并在课中作为执行依据，在课后用以检测教学效果的。在本文的话语体系中，就是目标意识！

如何实现语文课堂的高效？采用"目标倒逼机制"是比较好的办法。从控制论的角度来看，一堂好课，一堂高效的课，必定是目标、过程、练习和评价相一致的！而前提则是目标少而精，教学内容相对集中，学生学得相对突出。张化万老师2005年执教的四年级体验作文《不一样的爱》便是其中的经典。

"保护鸡蛋"是很多不同学科的老师在教育教学活动中都会采用的经典活动，然而，同样的活动，一样的体验，因为学科的差异，教学目标的不同，教师教育智慧的差别，具体运用的策略大不一样。

张老师的高明之处在于并没有纠结于活动本身，而是以活动为支点，以课堂为杠杆，以观察为着力点，以思维为落脚点，撬动了学生表达的重点。

从学生最后的成文来看，本次习作训练的内容落脚点是"父母照顾我们不容易"，情感落脚点是"感受父母的爱"。关于父母的爱，同类作文教学的设计很多，但往往会陷入直奔主题，然后深陷其中，最后草草收尾的局面。张老师在教学中为这个主题选择了"保护鸡蛋"这一生动的引子，在轻松、和谐、融洽的氛围中，轻轻撬动杠杆，借物起兴，让爱的主题"举重若轻"，非常巧妙地化解了小学生习作中"爱深沉"的难题。

从文本构思的角度来看，本次习作训练避开了先"拟题"再"立意"最后"选材"的窠臼，有效规避了小学生习作指导的"思维疲劳"。第一课时的教学看似与主题关联不大，但是张老师在此为小学生习作最顽固的"茶壶煮饺子——倒不出"的问题开出了一剂特效药——学会观察。

学会观察，是学生习作实现"从生活到体验，从体验到表达"的双重思维转化的实践桥梁。如何观察经历过的生活？如何观察自己的内心体验？生活和体验如何转化为适当的语言文字表达出来？在老师的引导下，学生参与"保护鸡蛋"的最初体验在回忆中被唤醒了；在同伴分享的基础上，当学生拿起笔，鲜活的经历和生动的体验凝固成了文字。

而这一切，都还仅仅是这次习作训练的热身运动。如果一次习作课仅仅停留在活动本身，那么再精妙的活动设计还是"为活动而活动"。张老师在第二课时又为我们开出了一剂解决"为活动而活动"的妙方——通过联想，实现从活动到生活的迁移。

由"护蛋不易"到"父母不易"，是情同此理的类比；用适当的题目串联"护蛋不易"与"父母不易"是基于生活又高于生活的概括；讲述"父母不易"的故事则是表达生活的文本化演绎。这一切，因为打通了活动与生活的关联，因为架起了生活与表达的桥梁，在张老师的课上就显得那么自然、流畅，从而实现了从课堂到生活的超越。

一样的体验，不一样的教法，关键还是在于这堂课目标非常集中，就是借助观察和表达"保护鸡蛋"的经历与体验，迁移观察和表达"父母的爱"。因为目标集中了，活跃异常、兴味盎然的一堂习作课，其学生的课堂实践也变得相对集中——保护鸡蛋、父母的爱；小任务两个，联结"保护鸡蛋"和"父母的爱"，拟题。任务集中了，实践深入了，教学效果就不会差，这是老师对学生语言实践的心理机制的准确把握，更在于老师基于教学实践而积淀的教育智慧。

第五节　教学策略之重构

一、语文与生活联结

从母语课程的社会属性来看，语文确实充满着生命的关怀。可是生命是个太大的话题，"指向生命成长和发展"的语文，到底归向何处呢？

让语文回归生命属性，就是要让每一个学生在宝贵的教育生活中能感受语文的魅力，能在丰富绚丽的语文生活中，获得人与世界的亲近，获得个体精神的丰富，并最终获得一种优化了的高品质的生命形式。

因此，"生命语文"的教学实践是比较开放的。立足现行教材，我们可以充分拓展语文教育的时间、空间和学习资源，把学生带进图书馆，带向大自然，带向古迹名胜，带向社会实践，同时，选择各种名著、媒体资讯，编写校本教材，把语文经典、语文实践和语文生活状态带进课堂，努力让语文和生活联结，在联结中触及学生蓬勃的生命活力。

在张化万老师的习作教学中，感觉孩子总是玩得那么开心，说得那么精彩，写得那么出色。一切就是基于这样的认识：小学生作文是习作，不是创作。作文教学不是培养未来作家的，而是培养将来公民的语文素养的。小学生习作不要强调中心的思想性，不要强调立意的深刻性，不要强调选材的典型性，不要强调结构的精巧性，更不要误导学生纪实习作"虚构"，绝不为胡编乱造开绿灯。

张老师倡导语文教学中的信任、宽容与引导，让我们明白——小学生语言学习和写作表达在很大程度上得益于教师对学生习作困难时的信任、宽容和正确引导，得益于教师正确、规范和具有个性的语言反复刺激与情不自禁的模仿学习；倡导童言珍贵，让我们明白——儿童只有经过努力能够达到的语言目标才真正有意义，儿童用自己的语言作文，他的习作才会是顺畅的、自然的、优美的，能够自然真实地反映和表达小学生的生活和情感的；倡导让学生学会简洁连贯地倾吐——能够把自己的情感、感受真切具体地倾吐出来，再现当时的情景，是小学生作文教学语言训练的一个重要任务。根据需要用简洁连贯的话，把事情介绍清楚，这是小学生作文语言训练的又一个重要任务；倡导欣赏与批判的和谐平衡，让我们明白——小学生要会用两种眼光观察，只有学会欣赏他人，才可能有和伙伴合作的基础，只有敢发现自己、他人（包括名人）的不足，只有这样，才可能有创新，有自信的个性化的习作；倡导注重学生的习惯培养，让我们明白——要提高小学生写作水平，就必须在培养良好的读写习惯上下功夫，要让他们养成独立主动地读书、看报、听广播看电视的习惯，重读、跳读、精读、猜读的阅读习惯，做素材笔记、资料卡或剪报等词句段积累的习惯，认真读题思考的习惯，限时作文、快速作文的习惯，让耳朵做老师，自己当堂修改，请别人修改的习惯，这是学生身上取之不尽用之不竭的生命发展动力。

　　我也曾为学生编辑他们的诗集，还为学生改写出版了《红楼梦》，并带着孩子从名著走向生活，从阅读走向表达；还曾和学生一起上《感恩节主题活动课》《万圣节拼音大狂欢》《圣诞·冬至大过年》。于是，学生非常期待上语文课，甚至"哭着闹着"要老师不下课。

　　如我的二年级语文创意读写课《要是每天这样多好》。

要是每天这样多好

　　再过几天就是"六一"儿童节了。在孩子们眼里，"六一"是什么？他们从来没过过属于自己的"儿童节"。"六一"这天，学校照例是要做"儿童节"活动的，但那是大人们的"六一"国际儿童节。孩子们需要过一个属于自己的"儿童节"，哪怕不是"六一"这天，他们也不会在乎。

　　我给了孩子们一份惊喜，孩子们的爸爸妈妈给了我一份感动。活动前一天，听说徐老师要给孩子们上"儿童节"主题语文活动课，妈妈义工踊跃报名，积极承担教室布置、课堂助教、现场摄制等任务。

　　下班后，妈妈义工陆陆续续来了，搞策划的，买材料的，张挂孩子作品的，分工有序，有条不紊。看到徐老师腿脚不便，一位妈妈甚至不顾淑女形象，爬上梯子就张罗开了。这样的场景，在笕桥小学204班已经成为最平常的感动。孩子们入学两年来，从入学第一课《好忙好忙的小屁孩儿》到《感恩节》主题语文活动周，再到"万圣节"《拼音大狂欢》、《冬至》主题国学体验课、《冬至大过年》中外年节主题语文课、《春天来了》语文综合实践课等，家长助教、妈妈义工、祖辈志愿者为孩子们的付出，无数次感动着204班的全体师生、家长。

这一天，妈妈们一直忙活到天黑；第二天，奇幻森林一样的教室惊艳了全校师生。

当天一早，孩子们穿着自己最喜欢的衣服，戴着自己最喜欢的头饰来了。你看，百灵鸟、大太阳、红苹果、小树苗、大老虎、笨狗熊……他们在校门口收获了最高的礼遇——值日老师和礼仪生瞠目结舌般的"注目礼"——去年的万圣节，他们的出现则让尖叫声从校门口一直传遍整个校园。

迎着孩子们得意的笑容，我比他们更得意，因为我给他们带来了注定终生难忘的一天。我太喜欢这些天真烂漫的孩子了！感谢孩子们，让我感受到童年的快乐。

在属于自己的204"儿童节"，虽然没有糖果，没有文艺演出，没有游戏，但孩子们显然是最开心的。让我们一起来听听孩子们的心声——

你希望儿童节是一个怎样的日子？

孩子们回答我：

儿童节是一个开心的日子。

儿童节是一个快乐的日子。

儿童节是一个自由的日子。

儿童节是一个美好的日子。

儿童节是一个惬意的日子。

儿童节是一个胡思乱想的日子。

儿童节是我们自己的日子！

这就是孩子们，对语言极其敏感的孩子们精确击中"儿童节"的核心语义：儿童节是儿童的日子。站在儿童的立场，儿童节，就是"我们自己的日子"。既然是"我们自己的日子"，那就应该让我们自己来安排，过一天我们喜欢的日子。

于是，孩子们说——

儿童节这天，我要好好睡一觉。

儿童节这天，我要狂吃我爱吃的。

儿童节这天，我要发一天的呆。

儿童节这天，我要出去疯玩一天。

儿童节这天，安安静静地读自己喜欢的书。

儿童节这天，我要带上自己最喜欢的玩具，去看看山区的小伙伴。

儿童节这天……

孩子们都说得很好，但是，孩子们的想法让我想落泪。

孩子们渴望的美好日子太简单，但是，孩子们平时却连这么简单的日子也不可得。

这么小的孩子，已经不会想象，他们的思想中早已没有了诗和远方，这是多么可怕的事情。

我要让他们回归自然！

于是，我带上了"游蛇"的面具，和他们一起回到了自己头饰下的身份。我告诉孩子们，如果大自然也有儿童节，这一天会是怎样的日子？

孩子们告诉我，他们看到一条"蛇"在奇幻森林里游来游去，逗得"狗熊"和"老虎"哈哈大笑，"小狗"和"白云"追着"蛇"满教室跑……

终于，我看到了——

星星在做梦；

小猫在睡懒觉；

气球和太阳握手；

小鸟在云朵里吹泡泡……

终于，我听到了——

风儿在唱歌，跑调得厉害；

树在跳舞，抖落一身的露珠，给花花草草洗个澡；

大倭瓜在傻笑，咧开嘴，露出了大豁牙……

甚至，我还看到了妈妈们情不自禁的抒情——

星星挂满了天空，

小朋友做了更多的美梦……

134

204 "儿童节"这一天，没有糖果零食，没有文艺会演，没有领导慰问，没有庆祝仪式，孩子们却是那么开心，一张张小嘴说个不停，手中的铅笔写写画画。半天时间就这么过去了，好像什么都没留下，只留下天马行空的涂鸦，还有胡思乱想的"哎呀啁啐"。

这一天，是真真正正属于孩子们的。

我要感谢孩子们，让我真切感受了童心、童趣。

我更要替孩子们感谢回到校园、回到课堂的妈妈们，是她们给孩子们带来了魔幻的教室，记录了孩子们快乐的瞬间。这一天，妈妈们成了孩子们的同学；这一天，妈妈们感受到了孩子们的心灵。

真好，属于我们的节日——孩子们的，老师的，爸爸妈妈的。

每天都是这样的日子多好！

如我的语文教学叙事《我是"御前七品带刀"教师》。

我是"御前七品带刀"教师

近日热播《五鼠闹东京》。且不论这部源自明清演义《三侠五义》的电视"神剧"的成分有多少，剧中"一猫五鼠"因在御前"杂耍"而获封"御前带刀侍卫"的情节倒是挺值得咀嚼的。话说"伴君如伴虎"，这皇帝有多难伺候？更别提"御前"可以"带刀"了。显然，只要身怀绝技，哪怕只是潜水钻洞、鸡鸣狗盗的本领，哪怕在最难伺候的皇帝那里，都能获得最高荣誉。

联想我们每天面对的这些"小屁孩儿"，不也是很难伺候的"小皇帝"吗？和这些孩子们在一起，老师没点本领，定会在"斗智斗勇"中败下阵来。这种挫败感、无助感，我们为人师的虽不愿意，却是经常品尝的。

今天，我这"七品"小教师，却体会了一把"御前带刀"的荣耀：原本只准备上一节课的小练笔，硬是被这些"小皇帝""绑架"着上了两课时。事情是这样的：

出差回来，我给孩子们带回了一个热带水果，准备让他们尝尝，顺便"哄"他们做一次课堂小练笔。为了"哄"得他们心甘情愿，我费尽心思地跟他们抖包袱。

"孩子们，上周大家都去找春天了，你们用小作文告诉老师，你们看到了春天，

135

听到了春天，闻到了春天，触到了春天，可你们想尝尝春天的味道吗？"

"春天的味道是什么？"

"对呀，春天的味道是什么？拿起笔来，把这句话写在本子上，谁的格式写对了，字写工整了，我们就一起来请出'春天的味道'哦！"

这一下不得了，一个个生怕被人抢了先，赶紧动笔写了起来。等他们放下笔，抬起头，我慢悠悠地吐出两个字"只见……"，从身后拿出一个蓝色的花袋子。

聪明的孩子一下子反应过来："只见徐老师拿出一个蓝色的花袋子。"

哈哈，"鱼儿"上钩了："想知道里面是什么吗？还愣着干什么？赶紧继续写啊，'只见……'"

"老师，里面到底是什么啊？"

"老师，别卖关子了！"

我知道，这些小家伙此时已经被我"吃定"了。"别急呀！听到刚才小朋友们在叫什么了吗？我知道，你们每个人都急着想知道答案，对不对？赶紧把这么精彩的话记录下来啊！"

就这么"忽悠"着，孩子们一会儿叽叽喳喳地吵着想知道谜底，一会儿又悄无声息地低头"刷刷"疾书。

当发现老师从袋子里取出一个"纸团"的时候，有个小姑娘急得快"哭"出来了："老师，快打开纸团吧！我知道里面还包着东西！"

原来，我的"把戏"早就被孩子们看透了。可也奇怪，他们还是愿意跟我"玩儿"。

"好吧，那就请你来剥开这一团纸吧！小朋友们可都要看仔细了哦！"

终于，长长的纸巾抽开了……

"停！不许动！"我大喊一声，一下子把这些"熊孩子"唬住了。"你们看，看他，看他，看他，一个个什么样子？"

"哈哈，他口水都流出来了""老师，他把手指头都吃进去了""他怎么站在桌子上，还把脖子伸得老长老长的……"

这几个小馋猫，太可爱了！这么可爱的画面，不写下来不是太可惜了？于是，呵呵……

"馋猫"的"丑态"写完了，下课铃声响了。

"老师，下节课接着上好吗？""老师，求求你了，接着上吧……""老师，你早上去开会了，欠我们一节课，所以，你还要接着上……"

好吧，我就心甘情愿被"绑架"一回！

一团纸巾总算抽完了。

"梨！""是梨子"，孩子们异口同声地叫着！

"NO！"我摇着手指，故弄玄虚地说，"不是梨子哦！"

"那到底是什么呢？"

"你们尝尝不就知道了？"

我把当"小白鼠"的机会奖励给了第一个写完的小雨同学。这家伙人挺聪明，就是平时上课老走神，还爱偷懒，今天却比谁都踊跃，写得也像模像样的。我从口袋里掏出一把水果刀，削了一片果肉，放进她的嘴里。

这家伙，跟个猪八戒吃人参果一样的，果肉一进她的嘴里，抢都抢不住。"咦"，可转瞬间，她的五官都凑到一块儿了，"好酸啊！老师，你骗我！"说完这话，眼泪差点流出来。

"老师，有多难吃，让我们也尝尝。"居然还有"不怕死"的。

我还没想好请谁呢，小雨却转过身："老师，现在好像也没那么难吃了，我可以再尝一片吗？"

哈哈，这不是"傻子吃橄榄吗"？

"好吧。不过这回可不能这么吃了，老师给你蘸点调料。"

"那又是什么'鬼'调料哦？老师你不要'害'我啊！"小家伙显然是对刚才那第一口心有余悸啊。

"不会了，这是周妈特意为我们准备的酸梅粉哦，这东西沾上酸梅粉，那味道，杠杠的！"我故意夸张地说。

于是乎，也不管这果子叫什么名字，也不管到底好不好吃，小馋猫们一个个正襟危坐，等着老师叫号排队上来领一片沾了酸梅粉的果肉。

一个拳头大小的果子还真耐吃，四十二个孩子一人一片还有余。很显然，每人一小口的诱惑是巨大的。孩子们纷纷表示回去要请家长买来一起尝尝。至此，他们才知道，这个果子叫"番石榴"，又名"芭乐"，但他们绝对不知道，今天，他们这些"小皇帝"让徐老师体会了一把"御前七品带刀"教师的荣誉。

说"御前"，是这些孩子确实像"小皇帝"一样难伺候，给他们上课，老师不使出浑身解数，基本"降不住"，这也是我们做老师的越来越觉得自己"没身份"的原因之一。放在早些年，老师"权威"尚存的时候，在学生面前虽谈不上"一品大员"，但比"七品芝麻官"还是大一点儿的——都说"县官不如现管"，老师可是现管着孩子的，品阶当然比"七品"高。可现在，随着教育观念的更新，信息占有机会的公平程度的提升，人文关怀的普及，师生之间地位越来越平等，老师的"权威"越来越小，莫说"七品"，一不小心，连"九品"也够不着了。今天的徐老师，仅凭一个小果子，一把水果刀，一瓶酸梅粉，却让学生甘愿放弃自习时间，主动挽留徐老师，还写了那么长的一篇文章，那感觉，怎一个"热泪盈眶"了得啊！

只是，这一种"荣耀"不常有啊，做老师的，怎么也得好好总结，争取"常享荣光"。反思再三，要想"降得住"这些二年级的"熊孩子"，让他们心甘情愿地以"写"为乐，经验如下：

"写"的内容要出其不意，吊足其胃口；要让他们有话可说，写自己说的话；要趁热打铁，让"写"步步为营；还要给他们一些帮助，让他们攀着例句、句式"顺杆儿爬"。

这些经验，虽然没啥理论高度，也算不上什么"名门正派"的功夫套路，但是能博得"小皇帝"龙颜大乐，不吐不快，不罢不休，足矣。

二、发展以实践为主

似乎在生活语文的背景下更容易理解"生命语文"，在课堂教学中又如何体现"四维生命"的共同发展？"生命语文"的课堂以言语实践和阅读实践为根本和主要载体，倡导学生在习得言语能力发展的过程中获得语文素养和人文涵养。

比如低年级的《四个太阳》《荷叶圆圆》，课文是用典型的重复叙事的手法完成内容的表达的，我们可以让学生在语言范式的积累、迁移的过程中，感受大自然的美好。

如我的一年级阅读课《荷叶圆圆》教学设计。

荷叶圆圆

教学目标：

1. 在短语、句子、课文等语境的朗读中掌握生字的音、形、义，通过字理分析、归类拓展等强化形声字的学习。

2. 借助文本重复叙事的结构和典型句式，整体感知文本内容，熟读成诵，积累语言，迁移运用。

3. 借助字形和结构、笔画的对比，把生字"叶、机、朵"书写正确、工整、匀称。

教学过程：

一、破题开篇

（板画"荷叶"）

（1）这是什么？（板书：荷叶）

（2）教学"荷"字。（边讲书写，边讲造字）

"荷"字上下结构，上面草字头，表示跟植物有关；下面写个姓何的何，表示读音。一部分表示意思，一部分表示读音，这样的字叫"形声字"。

这节课，我们还会认识很多形声字。

（3）教学"叶"字。

"荷叶"的"叶"字很简单，想写漂亮却不容易。看看田字格里的"叶"字，告诉大家，哪个笔画最重要？

老师田字格里范写"叶"字，学生同步书写。

学生在作业本上描、临"叶"字。

评价，再写。

（4）读"荷叶"。

（5）说话训练【出示句式："荷叶＿＿＿＿＿＿＿＿"】

用句式说话。（荷叶圆圆的。荷叶绿绿的。）

把两句话并成一句话。（荷叶圆圆的，绿绿的。）

朗读句子"荷叶圆圆的,绿绿的。"

(6)补充课题。板书"圆圆",读"荷叶圆圆"。

(7)板画更多荷叶。

二、初读课文

(1)老师范读。

(2)学生自由读课文。

(3)读准生字,正确朗读短语(课件呈现)。

yáolán　　　　píng
摇篮　　停机坪　　歌台　　凉伞

jīngjīng　　　　　　　tòu　　chìbǎng
眨着亮晶晶的眼睛　　展开透明的翅膀

　　　　　　　　　　xī xī
呱呱地放声歌唱　　笑嘻嘻地游来游去　　　很美很美的水花

(4)整体感知。

哪些可爱的小家伙跟荷叶在一起玩呢?找出来。

分自然段指名朗读课文。(板书:小水珠、小蜻蜓、小青蛙、小鱼儿)

(5)读词语。叫一叫这些可爱的小家伙的名字:"小水珠,小蜻蜓,小青蛙,小鱼儿。"

(6)字词教学。

珠:王(玉)+朱=珠;泪珠、汗珠

蜻蜓:蝴蝶、蚯蚓、蚂蚁、蝌蚪、蜘蛛

青蛙:青蛙的青,没有虫字旁,是红橙黄绿青蓝紫的青,表示颜色。青蛙是青绿色的。

小鱼儿:小鱼儿很可爱,在普通话里,读儿化的词,一般表示可爱的,小的:小孩儿、手绢儿、小脸蛋儿……

三、精读课文

(1)熟读成诵。抓重复句式,借助板画诵读。

我们把这些可爱的小家伙也画到黑板上好吗?要先读好句子,读得好听才能把他们请到黑板上来。(指导朗读每个自然段后一句,并板画"小水珠、小蜻蜓、小青蛙、小鱼儿"。板画的同时,板书并理解生字"躺""立""蹲""游")

小水珠在哪里呢?联系课文读句子"小水珠躺在荷叶上,眨着亮晶晶的眼睛"。

（板书"躺"）读生动，熟读成诵。

小蜻蜓在哪儿呢？联系课文读句子"小蜻蜓立在荷叶上，展开透明的翅膀"。（板书"立"。扩展，小荷才露尖尖角，早有蜻蜓立上头）读生动，熟读成诵。

小青蛙在哪儿呢？联系课文读句子"小青蛙蹲在荷叶上，呱呱地放声歌唱"。（板书"蹲"）读生动，熟读成诵。

小鱼儿在哪儿呢？——联系课文读句子"小鱼儿在荷叶下笑嘻嘻地游来游去，捧起一朵朵很美很美的水花"。（板书"游"）读生动，熟读成诵。

（2）品读对话。抓住关键词，诵读体会喜爱之情。

小水珠可喜欢荷叶了。看看小水珠是怎么说的："荷叶是我的摇篮。"（摇篮，晒着太阳，摇啊摇啊，滚来滚去……）读生动，熟读成诵。整小节连起来读读，背下来。

小蜻蜓可喜欢荷叶了。看看小蜻蜓是怎么说的："荷叶是我的停机坪。"（停机坪：小蜻蜓在天上飞累了，停在荷叶上，风轻轻地吹着，好舒服啊……）读生动，熟读成诵。整小节连起来读读，背下来。

小青蛙可喜欢荷叶了。看看小青蛙是怎么说的："荷叶是我的歌台。"（小青蛙最爱唱歌了，蹲在荷叶做的小歌台上，挺着胸脯，可神气了……）读生动，熟读成诵。整小节连起来读读，背下来。

小鱼儿可喜欢荷叶了。看看小鱼儿是怎么说的："荷叶是我的凉伞。"（小鱼儿在凉伞底下干什么呢？）读生动，熟读成诵。整小节连起来读读，背下来。

四、写字：机、朵

1. 观察结构（出示生字：机、朵）

这节课还有两个生字要写。请仔细看看，这两个生字有什么不同？（结构不同："机"左右结构，"朵"上下结构；"木"不同："机"的"木字旁"第四画是"点"，要写得小一点，"朵"下面"木字底"扁一点，横画要长；"几"不同："机"右边的"几"瘦长，最后一笔是"横折弯钩"，"朵"上面的"几"扁一点，第二画是"横折弯"，不带钩）

2. 范写"机、朵"。（学生同步说笔顺）

3. 描红。（注意握笔、书写姿势和描红规范）

4. 反馈，每个字临摹两遍。

5. 评价，分享，指导，再写。

中年级《夸父追日》《七颗钻石》，是语言风格非常突出的中国神话和西方童话，根据文本特点("神话"抓住神奇，童话还有"重复推进的情节")，我们可以让学生在读读说说的语言实践中感受真善美。

高年级的《伯牙绝弦》《刷子李》《少年闰土》，是经典古文、小说和散文，我们可以引导学生在不同文体的阅读实践和各具特色的语言学习的过程中，感悟这三个不同文本寄寓的人文情怀；还有我曾经上过的《亲近自然》《初识徐老师》等习作课例，都是基于观察的实践，经历素材的取舍，通过语言的琢磨，最后完成充满生活情趣又能适切表达的习作。这些，都是学习生命（阅读实践、言语实践）和言语生命、社会生命、精神生命完美统一的课堂实践。

三、自由、灵动、诗意的课堂

"生命语文"的课堂非常重视文本的语言现象，非常重视语言的实践和习得；"生命语文"更应该用自由、灵动、满怀诗意的生命灵性，点燃学生的生命活力，让学生在充满生命感动的学习中得到个体精神的丰富。

教学案例中我的《伯牙绝弦》一课，有人评价是用"一支粉笔一本书"追求课堂的灵动，简洁的教学设计很真，很独特；智慧的教学语言很真，说人话，感人肺腑的课堂范读很真，不做作；简洁优雅的板书很真，源自学生。"看样子，徐老师今年有六十了吧。不愧是老前辈，功底深厚，了得。"《初识徐老师》一课，则是基于自由观察，自由表达；自由则是基于师生的平等，基于生活的真实。《天净沙二首》一课，有人评价这堂课是"操纵自如，毫不手忙脚乱，所以成就了这堂课幸福诗意的境界"。自己感觉一堂课下来，无拘无束，心无杂念，全身心投入，不刻意追求什么，不计较得失，率性而教（学），这种感觉，就像一句"有没有听到那个声音，就像是你忽远忽近，告诉我，他来自我的心"。

从课文的选择到教学设计的完成，一切都是在直觉的支配下完成的，我只是潜意识里觉得我喜欢这两首小令，一直到进入课堂，还是觉得像生活中和孩子们对话一样。这样的语文课，现在想来，就是我的生活追求的磨课状态：幸福，诗意。

"磨"进语文课，是幸福的。伴随着艰难的心路历程，痛，并幸福着。从一见钟情到移情入景，条分缕析，再伴着孩子们由文入情，终至情同心生。当我们徜徉在语文之途，从语文感受到一种精神的历练，这便是幸福。

幸福的语文课，是一种浪漫情怀，诗意的人会做梦，还会做白日梦。幸福的语文课，是一种审美感受，孩子们看到的画面，灰色的也好，金黄的也好，暗淡的也好，温馨的也好，孤苦的旅途也好，温馨的家园也好，这些都是幸福的画面。

经历了这么一番审美的历程，本身就是一种幸福。这种精神的苦乐在语文中是始终相随的。当我看到孩子们沉浸在金秋中的陶醉神情，当我听到孩子们声情并茂的诵读小令；当我聆听孩子们诉说马致远的思乡之情；当我从孩子们情同此心般吟读《秋思》，我和孩子们一起感受悲喜苦乐，这时候，我们都是陶醉的，我们都是幸福的。

幸福的语文课堂是充满诗意的。这种诗意不是老师刻意谋求的，不是外加的，它是一种慈悲的心境，是让孩子们心性变得柔软。当学生走进白朴的金秋，走进马致远的愁绪，身临其境，情同此心，感同身受，他们就是诗意的，课堂也就变得诗意起来。

诗意的语文课堂是自由的精神，自由的境界，直觉的感受语文、理解语文、感悟人生究竟的过程。当学生从字里行间看到秋天的青山绿水，看到飞鸿影下，看到斜阳脉脉；当孩子们透过枯藤老树昏鸦，感受到秋思原来是愁思，透过夕阳西下，看到断肠人在天涯，就像是一首歌里唱的"有没有听到那个声音，就像是你忽远忽近，告诉我，他来自我的心"，孩子们的感受，都是来自他们自由的心灵，是直觉的流露。而当孩子们通过比较，从不同的感受中感悟到了"草木本无情，情由心生"时，这便是他们基于自由的精神境界而产生的对语文的理解，对人生的感悟。尽管肤浅，但是真实，真诚，充满诗意。

这语文的幸福来自何处？我想，一是因为面对语文，我和学生们无拘无束，心无杂念，全身心投入，不刻意追求什么，不计较得失，率性而教的，所以才能操纵自如，毫不手忙脚乱；二是当我"跟着感觉走"的时候，无意间运用了诸如"举像入境、移情体验、独特体验、激活想象、启迪思考"等相对诗意的教学策略，所以成就了这堂课幸福诗意的境界。

四、用语文呵护童年

二十年的语文教学经历，让我痛心疾首的太多。我不希望孩子们受到语文的伤害，我觉得语文应该是可以呵护童年的。冒着天下之大不韪，我瞄准了一些难以忍受的乱象、怪象，一面批判，一面实践，企图以自己微不足道的实践重构理想的语文。之前在个人空间、微博以及报纸上刊发了一些比较尖锐的文章，有朋友笑言，说得都对，深有同感，就是担心你会被砖头拍死。

如何坚守语文的生命属性？我和工作室的"小伙伴们"努力用语文的方式呵护童心。我们带着孩子们读好每一篇课文，写好每一个字；带着孩子们每个单元出一次"识字小报"，每个月做一次"绘画日记"，每个单元玩一次"课本剧"，每一个"节日"举行一次主题学习；期末，花一周时间，和孩子们一起玩"字词大闯关"、朗读小能手，和他们一起办"绘画日记"展，一起分享"课本剧会演"。身兼一线语文老师、学校领导和教研员的"堂吉诃德"，我想用实际行动呼吁：

语文教研员不要再做展示课后"中国好声音"式的导师，不再做培训会上"精神导师"式的理论专家，不再做"股市操盘手"式的命题专家。我们要扎扎实实立足课程目标，带领老师们把每一册、每一单元、每一课的语言实践价值和该年级学生的知识能力发展要求研究清楚，让老师们教得清楚，让孩子们学得明白。

语文老师不要再被课文内容、精彩的媒体绑架，不再教管教，练管练，考管考，不再用大量化肥一样的练习卷板结了孩子们肥沃的大脑。我们要学习贾志敏老师，让孩子们每堂课上有充分的时间听、说、读、写，扎实学习字、词、句、篇；要学习于永正老师，在课堂上重情趣、重感悟、重积累、重迁移、重习惯；要学习张化万老师，让孩子在"玩玩说说"中学活的、有情趣的语文。

学校不要再用简单粗暴的一次期末考试评定老师的教学和学生的学习，不再让考试的压力一层一层转嫁到老师和学生身上，也不再用花哨热闹的活动自欺欺人。学校应该像优秀企业关注生产过程一样，将质量压力分解，引导老师和学生扎实做好每课、每个单元的字、词、句、篇、听、说、读、写的过程性评价；应该像杰出的指挥官一样，将演习当作实战，引导老师组织好孩子们针对课程目标进行综合性的语言文字实践和应用。

或许，改变很难，阻力很大，但是，为了孩子们，我们愿做语文的堂吉诃德！

五、学生获得生命丰满

作为老师，最得意的成果肯定是学生，就是使学生获得生命的丰满。学生生命发展的圆融丰满，是我坚守"生命语文"的最大动力！

走进课堂，随便拿起一本作业本，书写可能不是很漂亮，但一定很认真，很工整，那是因为不管教多大的学生，我也总是很认真地写字，经常会手把手教学生写字，学生也爱在黑板上摹写我的板书。

班上的学生朗读课文，虽然不是个个都能做到抑扬顿挫、有板有眼、富有感情，但总能做到通顺、流利，表达清晰，因为我喜欢和学生一起读书，喜欢听学生读书，学生也喜欢读书给我听。

我还和学生一起创编、排演课本剧。2001 年，我和学生一起创作的课本剧《滥竽充数》就获得了全省校园剧大赛金奖，省中小学生艺术节金奖，全国校园戏剧大赛银奖并在中央台滚动展播。

我的学生到了中高年级，每天都有写日记的习惯，每个人都能写出还算文从字顺的文章，也经常会有学生的文章在报刊上发表，在大赛中获奖，还有学生改编名著写连载给同学们看。有一年儿童节，我把班级里十个学生写在日记本上的小诗整理出来，出了一本诗集给全班同学当作节日礼物。多年过去了，这一批小作者中，有做记者的，有做影视艺术的，有做老师的，也有做文化传媒的。他们时常会说起小时候做诗人的经历。

还有学生在网络空间里写道："高三的时候，老师叫我背诵古诗。我背了一首《将进酒》。老师向我鞠躬，同学们为我鼓掌。我想起了徐老师，这是徐老师在我小学的时候教我们背诵的。"

我常常为此感到心满意足。

第六节　教师素养之重构

统览《语文新课程标准》，反复研读品味，"人文关怀"洋溢在字里行间。"语文是最重要的交际工具，是人类文化的重要组成部分""语文课程应致力于学生语文素养的形成与发展""语文课程还应重视提高学生的品格修养和审美情趣，使他们逐步形成良好的个性和健全的人格，促进德智体美的和谐发展""语文课程丰富的人文内涵对学生精神领域的影响是深广的……应该重视语文的熏陶感染作用，注意教学内容的价值取向，同时也应尊重学生在学习过程中的独特体验""培养学生高尚的道德情操和健康的审美情趣，形成正确的价值观和积极的人生态度，是语文教学的重要内容，不应把它们当作外在的附加任务。应该注重熏陶感染，潜移默化，把这些内容贯穿于日常的教学之中"。新标准关照下的语文课程对语文教师的审美修养提出了前所未有的要求。教师所从事的是一种情感的工程、心灵的工程，在语文教学中，语文教师自身的审美修养是至关重要的。这种审美修养，不同于一般教师都必须具备的基本素养，诸如广泛的知识面，博古通今，能说会写，爱岗敬业，热爱学生，严谨治学，等等。从审美角度来讲，语文教师的审美和美的创造也不同于艺术工作者。他不像音乐家创作音乐艺术，演奏弹唱；他不像美术家用线条、色彩或立体的雕塑表现美，他也不像文学家直接创作文学作品……他不以直接创作美作为自己的任务，但从本质上说，语文教师也应该是一个艺术家。语文教师面对教材中一篇篇洋溢着生命灵动的文学作品和其他范文，面对自己面前的那一群活力灵动、想象丰富的活生生的有灵性的孩子们，他所从事的是一种情感的工程、心灵的工程，他的教学行为本身就是一种对美的发掘、重现、引导和对美的再阐释、再创造。语文教师最大的魅力和价值就在这里。

语文教师这种魅力的形成，与他们工作的本身有着割不断的联系。"厚积而薄发""欲给学生一杯水，老师要有源头水"，在大量的阅读实践中，在与古今中外仁者智者的崇高而智慧的心灵的广泛对话中，语文老师长期承受人文美的熏陶感染；在长期的语文教学实践中，在"学生、文本、教师的对话中"，在师生之间、师生与作者之间心灵碰撞火花飞溅的共鸣沟通之中，语文老师不断锻造人生体验和审美的魅力。于是，丰富而又敏锐的情感世界，明确而又强烈的善恶美丑感，富有人性和良知的价值判断，这些纯洁的内质（内在修养）就毫不张扬地体现于外在（外在的气度和行为）上，显示出朴实而庄重，淡泊而高雅，诚挚而潇洒的智慧和风趣。

一、语文教师的内质美

真挚的感情、坦荡的情怀是美的最核心的因素。

鲁迅说："悲剧就是把美毁灭给人看。"这是一种震撼人心的力量。其实不管是悲剧也好，喜剧也好，音乐也好，美术也好，或者是文学，人们创造美的过程是"痛并快乐着"，审美的人（审美主体）欣赏美也伴随着酸甜苦辣。因而，美总是伴随着情感，动情性是美的最核心的因素。罗丹说："艺术就是情感。"刘勰说："缀文者情动而辞发，观文者披文以入情。"宋人李格非说好文章"皆沛然从肺腑中流出"。巴金在给一个读者的题词中说得更动人："我不是文学家。我写作，不是我有才华，而是我有感情，对我的国家和人民我有无限的爱，我用作品来表达我的无穷无尽的感情。"既然情感对于美文来说是如此重要，一个语文教师如果无感情，或感情淡薄，那是根本无法进入美的意境的。我们不能设想，一个感情淡薄或处于冰点状态的人，他能把诸如《桂林山水》《丑小鸭》《邱少云》《别了，我爱的中国》《春》等文章讲好。诗圣杜甫《闻官兵收河南河北》中的"剑外忽传收蓟北，初闻涕泪满衣裳。却看妻子愁何在，漫卷诗书喜欲狂。……即从巴峡穿巫峡，便下襄阳向洛阳。"它的美和艺术生命就在于情感的淋漓尽致的挥发，这些文字的组合就好比一支有感情的美妙音符所组成的永恒的乐曲，无论是当时或若干年之后，只要你一读它，就会为诗圣那悲喜交织而又喜不自胜的心情所感染，这完全是一种感情的力量。不只文学，就是一些理论性的文章，哪怕是逻辑思维的东西，但面对它雄辩的逻辑，独具慧眼的真知灼见，对对立面的严正的驳诘，以及抓住真理而一往无前的精神，难道不激起我们的感情？鲁迅有一篇极短的为韦素园写的墓志文，仅18个字："呜呼！宏才远志，厄于短年。文苑失英，明者永悼！"多少的感慨，溢于言表；深沉的悲悼，岂只在字面之上！这与现在的一些公式化的讣文，诸如死者姓名、年龄、一大串的官衔、职务、享受什么待遇、最后是不痛不痒的"安息吧！"相比，真是天壤之别。

情感是来自生命的内在的激动，是不可抑制更不能征服的。语文课的审美教育，都要以情感教育作为渠道。这种情感渲染不只表现在内容的讲授上，声音的语调上，也表现在教师无声的举止、面部的表情、板书的书写中。一个好的语文教师，在教学中应该以自己真挚、坦荡的情怀与学生见面，这本身就是一种美的感染。

渊博的知识、创新的思维是审美的支撑。

审美对象中，除了自然界所展示的客观存在的美的事物，凡是由人来创造的"美"，都是有一定的凭借的，或语言文字，或线条色彩，或音乐舞蹈。审美过程（对美的感受、欣赏、评价）也必定是在解读这些美的表象的基础上发生的。这就意味着，审美一定要以渊博的知识和创新的思维为支撑。对语文中美的感受和发现，特别是美的评判和表现，更是需要渊博的知识和创新的思维做支撑。文艺创作，特别是以文字为凭借的文学作品，它更是丰富而独创的智能结晶，语文教师如果没有相应的渊博的知识、创新的思维，显然是无法感受美、再现美、评价美的。

语文教师如何才能使自己的知识渊博，如何培养自己的创造性思维？这涉及如何读书的方法。过去有些读书人，皓首穷经，满腹诗书，可只是"两脚书橱"，知识的数量不可说不多，但创造的能量却等于零。庄子说过，"吾生也有涯，而知也无涯，以有涯追无涯，殆矣"。面对这个永恒性的矛盾，现代人有自己的处置办法，这就是潇洒的读书法；读得快读得广，注重读边缘学科，要能读出其间的焊接点来。读得快，即有各种读法，跳读、拣读、头尾读、意读、细读等，不一而足，各取所需。读得广，即注重阅读的面，尽可能读得杂，多读综合书，如各种门类的辞典、百科之类，以博闻强记取胜。注重读边缘，即尤其要注意各学科之间的交叉地带，以文科而论，则哲学、心理学、历史学、语言学、民俗学、宗教学、逻辑学、修辞学等，要优先涉猎，因为从这些交叉地带和边缘学科，往往会冒出许多"结合"的新点，刺激你的思维兴奋点，找到别人所找不到的东西。对于语文的审美来说，特别是要注意"比较"研究。我们进行语文审美，可以比较不同题材、体裁的文章，比较文学艺术和其他艺术门类。凡是两个对象之间，只要有共同点在，就可进行比较，而一经比较，就有新发现，新启发。这对提高语文审美水平和审美技巧，大有好处。如笔者辅导学生诵读《春江花月夜》，脑子里出现的是江面上皎月初上，月华泻地，银色的月光下，桃花柳树相映成趣……再聆听古曲《春江花月夜》，偶然发现竟然极有同感，且心中更多了一份洋溢着的流动的激情。就在音乐与文学在我心中贯通的一刹那，我恍悟可借音乐唤起学生对文字的理解，借文字加深学生对音乐的感受，然后诗歌互动，动情诵读。在这方面，我国搞得最有水平而且具有世界影响的，要算钱锺书先生。钱先生的《管锥篇》和《谈艺录》是闻名遐迩的巨著。钱先生的天才，他的极为广博又极为微细的地方就在于他最善于在中西文化之间找到结合点，目光如炬，博学强记，得心应手，一经他的焊接，往往新意迭出，启人心扉。读钱著犹如步行山阴道上，目不暇接，美不胜收，是人生极高的一种享受。

我们求知当学钱锺书。尽管不同的人学问有大小，秉赋有高低，但成功的规律却是同一的。一定的阅读数量（宽广度）是必不可少的。没有一定的量也绝谈不上质。可悲的是，如今新课标虽已深入人心，我们语文教师中的部分人，他们的知识结构却不外是电视机加小报再加流行书刊，而且自我感觉良好，不以为意，这实在是很糟糕的状况。立足点如此低下，还有什么高尚健康的审美目光可言！对许多人来说，人类几千年来所创造出的许多第一流的东西，都是木然的，陌生的，这怎么能行？有志者必须奋起改变这样的现状。

哲人的眼光、哲理的修养构造审美的心理空间。

"情文相生""为情造文""言为心声"，优秀的文学作品都是饱含思想的。"文学作品实际上是一个审美的心理空间构造。"阅读文学，讲解文学，仔细体味这"空间"中所包含的意义，是每个读者尤其是语文教师所注重的。文学作品的内涵具有两个重要特征：一是饱含着形象和感情，总是具体地生动地生成的。二是带有哲理性，它揭示人生、宇宙之根本性道理。而一个真正优秀的作家或诗人，本质上必定是一个思想家或哲人。语文教师为了能正确地挖掘和传输文学中的"人文内涵"，必须自己具有哲人的眼光、哲理的修养，正确了解文学中哲理的表现形态。对于诗和文，在感受它的情和境的同时，必须要透过这个"空筐"而浮想联翩，从宇宙之大到昆虫之微，从人生遭际到一笑一颦，去挖掘和把握其哲理之内蕴。以写社会生活的小说散文来讲，一谈到哲理，人们往往很容易地想起《故乡》末尾那段名的"路"的抒情性议论，或是杨朔散文末尾的某些表面化的哲理表述，其实，这是远远不够的。优秀作品中的哲理，更多是浸透在美的情节和人物描绘里面。拿鲁迅来说，像《祝福》中祥林嫂反复诉说着"我的阿毛……"的故事及周围人的反应，不也包含着人间万象吗？

王国维在《人间词话》中，说了几句有名的话："古今之成大事业大学问者，必经过三种之境界。'昨夜西风凋碧树，独上高楼，望尽天涯路'，此第一境也。'衣带渐宽终不悔，为伊消得人憔悴'，此第二境也。'众里寻他千百度，蓦然回首，那人却在灯火阑珊处'，此第三境也。此等语皆非大词人不能道。然遽以此意解释诸词，恐晏欧诸公所不许也。"这是王国维解读词之哲理的佳例，确是站在词的最顶层，高瞻远瞩，透视人生，既不拘泥于原词，又不脱离于原词，独具慧眼。一个语文教师要能开掘诗文中的哲理宝藏，也需要提高自己的哲理修养，要多体察人生百态和多阅读蕴含哲理的书，务使自己精神完善和高瞻远瞩，以博大的胸怀去拥抱全世界，这才是真正的师道尊严的体现。青少年学生正处于从幼稚走向成熟的转折阶段，生活的神秘帷幕正待掀开，他们都必然地怀着对充满未知数的五彩人生的好奇和探求之心，他们对富有哲理的书有着特别的兴趣。语文教师通过大量诗文的审美讲解，自觉地灌输哲理意识，从小就引导他们正确地把握人生，有助于他们的成熟和培养健康严肃的人生观，这的确是一件意义重大的事。同时，也只有这种美的哲理意识的传输，我们的青少年才会从比较之中，跳出流行文化的羁绊，从种种的"热"中解脱出来，认识到汪国真的浅，琼瑶的俗，从而迈向一个更高的精神和文化境界。

二、语文教师的外在美

"真"的语言是老师人格的表现，沟通师生心灵的桥梁。

文学创作是一种语言艺术，美的内质必须以美的语言加以表达。而语文教师教学语言的第一个要求，应该是诚挚。诚挚是内在美充实的表现，是教师自己真挚人格的表现，也是对自己教育对象之人格的尊重。无论是激情或是平和，诚挚都是必须具有的品质。教师必须用语言把自己的真诚的心灵之门向学生敞开，给学生的第一个印象是觉得你完全可以信赖的，这是进入语文审美并与学生产生心灵交流的前提。诚挚也是实事求是的结果。诚挚的语言才会适度、中肯，不夸不掩，以事物的真面目示人。与此相悖，一切的卖弄、做作、矫饰，都是不美的。如果灵魂罩上假面具，根本就谈不上美育。如果单纯用一种实用性和训诫性的语言来讲述，亦是违背美育特点的，那首先就在学生的心理上产生厌烦，筑起了一道堤坝，心与心相隔、淡漠，形成了阻力。

在真挚的基础上，语文教师的语言应该是丰富而有表现力的。语文教学是多姿多彩的，它要求教师的讲述语言也应该是多姿多彩和有表现力的，既有高雅的，也有平易的，既有庄重的，也有轻柔的；既要显示内在的渊博，又有淡如秋水的明彻；既有修辞的美感，又有口语的质朴；总之应该不呆板，不单一，要能丰富而舒缓地渗入学生的心田。虽然语文教师的语言不一定都给学生以美的享受，至少也应该如一股林间的溪泉，叮咚作响，有节律地沁人心脾。

语文教师的教学语言，除了诚挚、丰富，还应该是风趣生动的。古人说学海无涯苦作舟，这恐怕是为了强调做学问的艰苦性。其实，真正做学问的人的心境，应该如范文澜的一个联句所表达的："心中别有欢喜事"。现代人嘲笑那种醉心功名利禄的"悬梁刺股"式的死读书苦读书，现代人向往在一种愉悦爽朗的氛围中求知。根据美国人的观点，一节课里如果迸发不出一次笑声，那教师就是失败了的。风趣生动，除了是内容的要求之外，也是语言表达的要求。这就要做到深入浅出，多用比喻、俗语或借用其他辅助手段。说话要注意通俗，"话须通俗方能远"。以审美教育为职能的语文教师，更应在这上面多下功夫。在我国现当代的名人中，叶圣陶的语言平实简朴，老舍的语言幽默机智，巴金的语言热情真挚，鲁迅的语言机警风趣，这些都是我们要学习的。

语文教师的语言，应该有好多种。描述课文内容或作家风格时，应形象生动，多搞形象思维；分析课文思想意义时，应综合推演，睿智敏锐，多搞逻辑思维；在进行艺术欣赏时，应灵心妙舌，别出心裁，引人入胜；在进行谈话时，切忌生硬教条，而应循循善诱，启人心怀。

幽默是人类的一大发明。由于幽默，往往化干戈为玉帛，于笑声中摆脱困境，理顺人际关系。教师的语言如果增加一点幽默感，不仅会赢得学生的喜悦，有助于教学的效果，而且能把严肃的批评化为温和的笑声，活跃课堂的气氛。幽默的语言既是教育的手段，又是智慧的象征，何乐而不为？但愿在语文教学中教师多使用点幽默的润滑剂。

"美"的文笔是蕴含真谛的师心，动人肺腑的真情。

除去口语交际，语文教学的内容无非是"读"与"写"两项。写出有美感的文章，教材的影响是一方面，学生本人的智能心理结构是另一个方面，但在语文整个教学过程中，语文教师自身的"文笔"修养，对学生却有着潜移默化的影响，这是不可低估的。这种影响，主要表现于语文教师平日的板书词句，作业批改，作文评语，以及每个学期结束时所写的学生评语等。这种文字集中表现了教师自己的文笔修养和文风特点。所以，要注重自身的文笔修养和它对学生所起的榜样作用，这是语文教师审美技能基础涵养的又一个重要方面。

一个语文教师的文笔修养，第一，应该是会写普通的记叙文、说明文、议论文和抒情文，会得心应手地写一般的应用文。第二，在文风上应该是杜绝空话、假话、套话，有自己的真实感受和见识，能言之有物，持之有据。第三，在真实的基础上，会写一手流畅、活泼、笔端带有感情的文字。流畅，是文气之自然节律，只有流畅，方可不滞，能自然地淌入心田；活泼，是心灵的活跃，心活则必读之喜悦，有自然之吸引力；笔端带感情，即能拨人心弦，动人肺腑，方可读之受感染与吸引。

当然，不是要求每一个教师都具有一个作家那样的文笔。但语文教师必须注重文学修养，善于汲取古今中外优秀文学的滋养，使自己的文笔能超越一般人。一个语文教师的文笔，如果是干巴巴的、空洞洞的、看不出一点灵气，没有一点感情的火花，那怎么能行呢？文笔，虽离不开内质，但更直接地呈现为一种外美。写学生的作文评语，应该是语文教师显露文才的广阔天地，是传文"心"和秘窍的良好时机，可是我们看到的却多是空泛而千篇一律，不痛不痒而煞有介事，像是电脑里制作出来的东西。读这种评语，叫人兴味索然，在这些文字中，全不见评语作者自己的真正感受，更不用说真知灼见了。他们既讲内容又讲表现，好像面面俱到，其实有之不多无之不少，全是空话一筐。

还有写学期结束时的学生评语，常见的也是这种情况。不只文字枯燥无味，内容也是公式化概念化，苍白得要命，怪不得语文老师自己也叹息：这是苦差事。记得曾读过一本苏联人写的《黑格尔小传》，中间有黑格尔在中学时代，其老师给他写的一份学习鉴定，真是卓越不凡，其中对少年黑格尔的天分、气质、身体、特长、各门学科的表现，条分缕析，都一一做了评述，仔细而有分量，不啻是这位未来哲学天才的杰出写照。我们的语文班主任老师，难道不可以这样做吗？

语文教师在指导学生作文时，最可恶的是摆出教师爷的架势，口硬手不硬。医治的办法，还是放下架子，跳进"水"去与学生同题作文吧！只有亲自喝几口"水"，下去感受感受水的滋味，才会有切身体验。手中握有真经，心中藏有虔诚，口念悦耳经句，才能真正把"众生普度"。

"艺"的书画是情趣和格调的表现，展现神韵的风采。

在一般的语文教学中，我们常常看见有些老师的板书，或是端端正正却显得呆滞，或是畏畏缩缩而缺乏生气，或是大大咧咧却浅薄不堪，或是跷脚拐臂而十分丑陋。一眼即可看出，缺乏毛笔字的功底。语文教师为了建立自己美的形象，练习毛笔书法，恐怕是进行基本技能修养所不可或缺的。书法，是中国文化特有的产物，是中国知识分子独特的骄傲，饮誉全世界。书法对于语文教师不只是重要的门面，会给语文审美教育锦上添花，而且它还是一个语文教师的情趣和格调的表现。一个有文化涵养的语文教师，在他工作的案台上摆设笔墨纸砚这所谓"文房四宝"，会比其他摆设都珍贵和具有文化气氛。

现在市面上流行着很多的钢笔字书法，教师当然可以看一些的，但大家知道，正宗的书法形态应是毛笔字，因为中国的书法艺术的形成，在工具上是得力于它的独特的笔和墨所生发出的风采神韵。故教师的板书书法，钢笔字书法，都得以毛笔书法作为功底和基础。对于一个语文教师（特别是青年教师），有空练练毛笔字，这比看电视和干其他娱乐，更有意义与显得重要。

立在原野 仰望星空

每个人的生命，都应该有自己的图腾，这是人获得精神和力量的源泉。教育是老师的生命图腾。老师应该和学生一起在教育中获得生命的成长。

教育的过程，就如同朝圣之旅。尽管一路与清贫相伴，但为了梦想，总是洋溢着激情；筚路蓝缕地走过，汗水已浇开路两旁的花朵。每一朵花，都成为了心中的图腾。当这片借以栖身的原野开满鲜花的时候，仰望星空，满天的星星都伴着我们同行。

在这片肥沃的土地上，每一步，深深浅浅，都会留下脚印。虽然不希冀带走半根草去，花的荣枯却注定维系在身。充满劳绩地栖居在这片土地上的老师，每当走过一步，抬起头来，仰望一下星空，路途便充满诗意。再回首身后的印迹，便能看见前方的烂漫。

立在原野，五体投地，贴着地面行走，收获每一缕花香，洒下的汗水便是那花瓣上最美的露珠。

仰望星空，心扉敞开，带着梦想飞翔，沐浴每一点星光，积蓄的力量便照进生命最灿烂的阳光。

后记

如果不算之前《语文十年》《语文百日谈》等几本"汇编"式的小册子，这应该是继《生命与语文》之后的第二本可以称之为"专著"的东西。写这本东西真不容易。

当年写《生命与语文》，源于"无知者无畏"。因为一直也搞不清楚"语文是什么"，我太想搞明白它，便在工作即将十年之际的 2006 年，选择了这个宏大的话题，怀着"包天"之大胆，从定义语文开始，从一场报告开始，琢磨这个问题。后来，在恩师张化万先生、刘力教授的鼓励下，做成了研究课题。可终究是一线老师做科研，理论底子着实不够，尽管研究成果获得了省二等奖，但自己却不满意。为了突破理论问题，我又带着这个命题去攻读教育哲学博士学位。为什么是"教育哲学"？我总觉得，要弄清楚"语文是什么"，这就和弄清楚"人是什么"一样，是一个直指根本的问题，必须以哲学的视阈来观照。于是，在北京师范大学教育学部专家的帮助下，在美国密西西比州立大学终身教授杜健霞博士的指导下，又经过了三年的努力，终于在 2010 年初有了这本《生命与语文》。

《生命与语文》一书写了四年，自己感觉大致弄清楚了"语文是什么"。可这对我而言仅仅是个起步，作为整天面对孩子，教孩子一年将影响孩子六年，教孩子六年将影响孩子六十年的语文老师，我仅仅弄明白"语文是什么"是绝对不够的！我必须要弄清楚"语文到底该怎么教"。

语文到底该怎么教？前人的经验可以说是汗牛充栋，我又如何学得过来？我又如何辨别理念、方法、策略、技术的"良莠"？于是，我又开始陷入痛苦的思索过程。这个过程比琢磨"语文是什么"的过程更长，从 2009 年一直到 2017 年，刚好是一个八年的过程。

这么长的过程，的确不堪回首，好在我一直未曾脱离过课堂。身在课堂，我便能"走进语文看语文"，作为一种语文的存在，以"观自在"的姿态，审视语文教学，批判语文教学，重构语文教学。

罗马不是一日建成的，这本书也不是一日写完的。2009 年，应温州大学彭小明教授推荐，参加全国语文"学习方式转变"研讨会，在参会的过程中，受"学习方式转变"思考启发，我在笔记本上写下了本书的第一个框架：九辩、九思、九章，全书"三九二十七"节。在这之后，陆陆续续写了不少稿子，关于"语文教学怪现象""语文教学反思""语文教学策略"等方面的一些文章，在教育报刊界朋友的错爱之下，陆续在《浙江教育报》《语文教学通讯》《小学语文教学》《小学语文教师》《小学教学》《语文建设》等刊发。

2012 年 11 月，在恩师贾志敏先生的推荐下，赴福建泉州参加全国"十四省市三十二校"教学联谊活动，幸遇教育部前新闻发言人、语文出版社社长王旭明先生。从听我的课出发，聊到对语文教学的认识，王旭明先生对我关于"语文教学的批判与重构"的话题颇感兴趣，并鼓励我好好研究。2014 年夏天，带着"好好研究"的初步成果，我在遥远的黑河登上了全国语文"学习方式转变"研讨会"博士论坛"的讲台，发表了我的"批判与重构"，得到了南通大学时金芳教授的赞赏与鼓励。

转眼五年过去了，关于"语文的批判与重构"的话题在不同的场合表达过，也积累了不少的文字材料，可是究竟把问题说清楚了吗？我并无自信。幸运的是，又是在恩师贾志敏老师的推荐下，还有张化万先生的撰文鼓励，时任《小学语文教学》杂志主编李红云女士、编辑部主任郝波老师的错爱，我将前期的思考集结成册，刊出了十二万字的文章于《小学语文教学·人物》专刊上。这本专刊还幸获浙江外国语学院汪潮教授、杭州师范大学王光龙教授、浙江省特级教师费蔚副局长等亲笔撰写课评，让我更有信心"走进语文看语文"。

就这样，在跌跌撞撞中，在众多前辈、恩师、领导的鼓励下，关于"语文到底该怎么教"的问题，我的思考愈发清晰，逐渐形成了"语文教学的批判与重构"的体系。2016 年国庆假期，在爱人的支持下，我再次到朋友朱利锋校长所在的永嘉山区石公田小学闭关（前一年国庆，也在此闭关，整理《小学语文教学·人物》专刊的稿子），终于整理完成了书稿。

听闻书稿完成，恩师刘力教授欣然答应作序，贾志敏先生抱病撰写序言，张化万先生则邀我到他家，对着书稿悉心指导，耳提面命，又花了数月时间，数易其稿，为我这本书作序；出版界的王旭明社长、李世江主编、过超女士、李节女士、卢风保先生等也给予了热心的帮助；我的学员浙江温州的叶昌锐、章林玲，广西贵港的刘莉莉，北京顺义的邢培娟，为初稿的初审付出了心血；山西教育出版社刘继安先生为本书的编辑付出了辛苦的劳动，杭州大视野悦读汇潘晓伟先生为本书的出版发行尽心尽力。

恩师贾志敏先生说，"十年磨一剑"，又说"期待徐俊的第三个十年"。我不知道下一个十年我能否磨出一把"新剑"，但这把"剑"却非我一人之功，而是集众多前辈、恩师的智慧，以及自己与学员们的共同实践而来。恩师张化万先生说，"在构建小学语文教育教学的大厦的工作中，我愿与他同行"，我想，正是有了恩师、前辈、朋友和学员们的同行，我才有前进的力量和勇气。在语文教育教学践行的道路上，感谢有你们的同在、同行！我愿和你们一起走进语文，用生命实践语文的美好！

徐俊

2017 年 4 月 20 日于花园小学